Sociologia
um olhar crítico

Conselho Acadêmico
Ataliba Teixeira de Castilho
Carlos Eduardo Lins da Silva
Carlos Fico
Jaime Cordeiro
José Luiz Fiorin
Tania Regina de Luca

Proibida a reprodução total ou parcial em qualquer mídia
sem a autorização escrita da editora.
Os infratores estão sujeitos às penas da lei.

A Editora não é responsável pelo conteúdo deste livro.
As Autoras conhecem os fatos narrados, pelos quais são responsáveis,
assim como se responsabilizam pelos juízos emitidos.

Consulte nosso catálogo completo e últimos lançamentos em **www.editoracontexto.com.br**.

Sociologia
um olhar crítico

Silvia Maria de Araújo
Maria Aparecida Bridi
Benilde Lenzi Motim

Copyright © 2009 das Autoras

Todos os direitos desta edição reservados à
Editora Contexto (Editora Pinsky Ltda.)

Foto de capa
Jaime Pinsky

Montagem de capa
Gustavo S. Vilas Boas

Diagramação
Gapp Design

Preparação de textos
Lilian Aquino

Revisão
Daniela Marini Iwamoto

Dados Internacionais de Catalogação na Publicação (CIP)
(Câmara Brasileira do Livro, SP, Brasil)

Araújo, Silvia Maria de
Sociologia : um olhar crítico / Silvia Maria de Araújo,
Maria Aparecida Bridi, Benilde Lenzi Motim. –
1. ed., 4ª reimpressão. – São Paulo : Contexto, 2023.

Bibliografia.
ISBN 978-85-7244-437-8

1. Sociologia   I. Bridi, Maria Aparecida.   II. Motim, Benilde
Lenzi.   III. Título.

09-04755   CDD-301

Índice para catálogo sistemático:
1. Sociologia 301

2023

EDITORA CONTEXTO
Diretor editorial: *Jaime Pinsky*

Rua Dr. José Elias, 520 – Alto da Lapa
05083-030 – São Paulo – SP
PABX: (11) 3832 5838
contato@editoracontexto.com.br
www.editoracontexto.com.br

Sumário

Apresentação 9
   Como estudar Sociologia 10
   A organização do livro.. 11

Pensar o social ontem e hoje... 13
   Síntese deste capítulo 13
   Seriam os deuses sociólogos? 14
   A sociedade integrada de Durkheim 18
   Weber pensa a racionalidade dos fenômenos sociais 23
   A contradição social revelada por Marx 26
   Fios condutores da investigação social 29
   A ciência hoje também se questiona 34
   Para reter o conhecimento.. 39

A realidade clama à ciência 39
O olhar da Sociologia no mundo 41
Leia mais 43
Tela crítica 44

O trabalho para viver 45
Síntese deste capítulo 45
O paradoxo do trabalho 46
O trabalho em outros tempos 51
A ética do trabalho 54
A divisão do trabalho na Sociologia clássica 56
As condições de trabalho na era fordista 59
Crise e relações de trabalho 65
A nova divisão internacional do trabalho 68
Para reter o conhecimento 76
A realidade clama à ciência 76
O olhar da Sociologia no mundo 77
Leia mais 78
Tela crítica 79

Classes sociais e o lugar de cada um na sociedade 81
Síntese deste capítulo 81
A sociedade cindida e as desigualdades sociais 82
As múltiplas classificações da estratificação social 84
Classes sociais e estratificação social 87
Classes sociais: a estrutura da sociedade capitalista 89
Algumas teorias explicativas de classes 91
Mudanças: operário, proletariado ou classe trabalhadora? ... 99
Classe média e estilo de vida 101
Mobilidade e desigualdades sociais no capitalismo 104

Para reter o conhecimento 109
A realidade clama à ciência 109
O olhar da Sociologia no mundo 110
Leia mais 112
Tela crítica 112

Comunicação e poder da mídia 113
Síntese deste capítulo 113
Comunicação de massa, mudanças sociais e indústria cultural ... 114
A mídia de massa 119
As novas mídias e a globalização 122
O poder da mídia, identidades culturais e opinião pública 127
As ideologias nossas de cada dia 131
Uma comunicação livre de ruídos é possível? 134
Para reter o conhecimento 138
A realidade clama à ciência 138
O olhar da Sociologia no mundo 139
Leia mais 139
Tela crítica 140

Poder e poderes nos poros da sociedade 141
Síntese deste capítulo 141
O poder presente nas microrrelações 142
Dominação em Max Weber 144
Formas de governos e a organização dos poderes 146
A democracia é uma conquista 150
O Estado moderno 152
Metamorfoses no Estado brasileiro 154
Estado nacional contemporâneo: neoliberalismo, política e economia 160
Políticas públicas e cidadania 164

Interpretações sobre a natureza do Estado 166
　　Para reter o conhecimento... 172
　　A realidade clama à ciência.. 173
　　O olhar da Sociologia no mundo 173
　　Leia mais... 175
　　Tela crítica 175
Unidade na diversidade: a interdependência urbano-rural 177
　　Síntese deste capítulo 177
　　Rural e urbano: duas faces de uma moeda 178
　　Migrações e a busca por trabalho... 185
　　Relações sociais e espaciais na cidade 189
　　Da pobreza das habitações à miséria da população 191
　　A violência não se restringe a danos físicos 194
　　Crescimento das cidades gera violência................................. 196
　　Cultura da violência e cultura da paz na modernidade 198
　　Para reter o conhecimento... 201
　　A realidade clama à ciência.. 202
　　O olhar da Sociologia no mundo 203
　　Leia mais... 204
　　Tela crítica 205

Biografias 207

Glossário 211

Bibliografia 217

Apêndice 223
　　Respostas às questões propostas nos capítulos...................... 223

As autoras 256

Apresentação

Entrar na seara desafiante que é estudar Sociologia é como dar um mergulho na modernidade e seus impasses sociais.

A Sociologia é uma ciência que surgiu no ventre da sociedade industrial, na consolidação do sistema capitalista, quando um mundo tradicional, com seus valores e modos de viver, se desintegrava, em fins do século XVIII. Naquele cenário de transição social, diversos intelectuais buscaram desenvolver explicações para a ordem vigente e as transformações vividas. A sociedade, em suas múltiplas relações, saltava aos olhos dos primeiros pensadores, preocupados que estavam com as condições de desigualdades e os conflitos sociais.

A Sociologia objetiva a apreensão e interpretação das mudanças sociais, políticas, econômicas e culturais, das questões e problemáticas da realidade social. Ela se faz atual e coloca-se a missão de dar respostas ao presente. Entre os desafios para estudar a realidade contemporânea está o de compreender aquilo que muda e o que permanece. O capitalismo, por exemplo, quase nunca se apresenta mais da mesma forma. É uma permanência com novas colorações.

São as teorias sociológicas que nos ajudam a indagar e a fazer falar a realidade, mas elas são múltiplas e não há uma única forma de ver e interpretar a realidade. Cada uma das teorias pode nos fazer ver mais, ou menos, da realidade social que nos envolve. Existem teorias que nos fazem enxergar a realidade em sua estrutura, em sua totalidade, e outras que nos fazem enxergar parcelas ou pequenas partes, nem por isso menos importantes. Provavelmente, o nosso desafio esteja em juntar esse quebra-cabeça, para entender e poder compreender e interferir, de fato, na realidade. Não basta conhecer por conhecer, é preciso algo mais. É preciso um conhecimento que nos direcione para a responsabilização social, pelo que somos e nos transformamos. Somos sujeitos que transformam e são transformados pela sociedade, pelo modo como nos relacionamos. Pelos conhecimentos produzidos e reproduzidos, somos nós os responsáveis pela realidade que configura a civilização atual.

Como estudar Sociologia

Há conceitos e categorias analíticas que nos ajudam a compreender e a analisar a realidade. Os conceitos – verdadeiras chaves de leitura do real, representações mentais da realidade designadas por um signo, uma palavra, uma expressão linguística – trazem entendimento sobre a realidade quando apresentados de modo contextualizado.

Atente-se aos conceitos e aos contextos explicativos, sublinhe-os, destaque-os. Estabeleça relações entre eles e compreenderá melhor a teoria. Inteire-se do que trata o conceito e a realidade social aprendida ficará mais clara. Observe "o que", "como", "por que", "estabeleça relações", interpretações, ligações, enfim, entre os conceitos e o real que o cerca. Contraponha o novo conhecimento às ideias anteriores ou aquilo que é senso comum com o que os autores apresentam, argumentam e mostram em suas posições científicas.

Ler é fundamental. A leitura para a Sociologia é uma das primeiras ações a realizar. Leia sempre e mais. Desenvolva suas ideias sobre o mundo em que vive a partir da provocação dos autores clássicos e contemporâneos. Descubra o quanto é fascinante avançar no conhecimento, quando é possível ressignificar os conteúdos, contrastando-os com as suas próprias experiências pessoais e coletivas.

A organização do livro

O livro está composto de seis capítulos, constituídos pelos seguintes eixos: teoria social, trabalho, comunicação, classes, poder e cidades. Cada eixo comporta análises contextualizadas da realidade social, com base nas teorias clássicas e contemporâneas da Sociologia.

Cada capítulo busca caracterizar a realidade em suas múltiplas dimensões, refletindo sobre a estrutura social e a configuração da modernidade e de sua exacerbação na atualidade.

No início de cada capítulo é apresentada uma síntese do conteúdo abordado, com os aspectos centrais desenvolvidos e, ao seu final, uma seção com uma série de pistas para facilitar o estudo. São elas:

Para reter o conhecimento – Propõe questões e objetiva a sistematização das ideias e a revisão do conteúdo.

A realidade clama à ciência – Traz fragmentos de textos, músicas e/ou imagens que permitem interpretar a partir de outras fontes e abordagens da realidade social.

O olhar da Sociologia no mundo – Visa ampliar o conhecimento sobre a temática tratada, a partir de fragmentos de leituras de autores clássicos e contemporâneos da Sociologia, que apresentam posições divergentes ou complementares e permitem construir ideias próprias.

Leia mais – Sugere títulos selecionados sobre a temática discutida, com vistas a um conhecimento mais aprofundado.

Tela crítica – Apresenta sugestões de filmes para refletir sobre a cultura, os valores de cada época, as relações sociais em diferentes tempos e lugares.

Ao final do livro, além de breves biografias dos principais autores clássicos e contemporâneos e um glossário com alguns conceitos sociológicos não explicitados no texto, há um apêndice com um conjunto de respostas sugestivas às questões levantadas no texto.

Pensar o social ontem e hoje

As concepções do mundo não podem deixar de ser elaboradas por espíritos eminentes, mas a realidade é expressa pelos humildes, pelos simples de coração.
Antonio Gramsci, *Obras escolhidas*, 1978.

Síntese deste capítulo

O pensamento dos primeiros sociólogos no século XIX. Os princípios de organização da sociedade, da concepção de realidade e de ciência, na perspectiva analítica dos clássicos da Sociologia. A proposta de integração social de Durkheim. Weber e o processo de racionalização social. O pensamento de Marx no entendimento das contradições sociais. O processo de investigação da realidade social e a especificidade desse objeto de estudo.

Questões sociológicas pertinentes: pluralidade de métodos, dicotomias tradicionais, polêmicas usuais, novos objetos. O movimento da ciência sociológica sobre sua própria produção demonstra seu caráter histórico. A modernidade e a reflexividade presentes na ciência.

Seriam os deuses sociólogos?

Como na mitologia grega, pródiga em apresentar os deuses com um estatuto excepcional e heterogêneo a um só tempo, se confrontados com os mortais, na ciência, os clássicos têm privilégio semelhante no conjunto dos pensadores. A supremacia dos deuses ultrapassa sistematicamente a condição humana. Os deuses são vistos como sendo outros, porque, além de serem maiores, poderosos e mais sábios que os homens, eles expressam essa diferença de uma forma particular, como revelam os versos de Homero, na *Ilíada* (canto VIII, v. 143-144): "Nenhum mortal poderia penetrar o pensamento de Zeus; por mais orgulhoso que fosse, Zeus o venceria mil vezes" (Sissa e Detienne, 1990, p. 43). Zeus é um clássico.

Os pensadores de primeira hora da Sociologia são considerados clássicos porque o seu pensamento ainda tem poder explicativo, sua vitalidade interpretativa alcança a era contemporânea, embora apresente limitações. Assim como os deuses gregos, excepcionais e heterogêneos, os clássicos não explicam tudo, mas fazem avançar o pensamento; afinal, ciência e realidade social são fenômenos conjugados, históricos e em constante mutação.

> Os fundadores da Sociologia, como disciplina científica, perseguem uma preocupação ontológica, ligada à gênese da sociedade: por que as sociedades mudam e, ao mesmo tempo, permanecem?

A ordem e a mudança social fundamentavam o pensar a sociedade como um organismo semelhante ao animal – constituíam o modelo organicista. Daí expressões como vida social, organismo social, fisiologia social, função social das partes desse todo composto por outros organismos – a família, as associações diversas, o Estado etc. Ao propor a Sociologia como uma ciência da humanidade e ao conceber a sociedade organizada e harmônica, a partir do poder político, **August Comte (1798-1857)** foi o mais destacado dos organicistas.

Pensar a sociedade, na segunda metade do século XIX, era pensar o equilíbrio das partes em processo de evolução, como o fez **Herbert Spencer (1820-1903)** sob influência da obra de **Charles Darwin (1809-1882)**, biólogo inglês que desenvolveu uma teoria sobre as espécies variadas e a seleção natural. Spencer transpôs a teoria da evolução para a realidade social e propôs ser a competição o motor do processo de adaptação dos organismos sociais às transformações ambientes, gerando diferenciação e divisão do trabalho.

A ordem social refere-se à forma como a sociedade organiza a vida coletiva mediante a divisão, a complementação e a cooperação entre os indivíduos, os grupos e as instituições sociais, no exercício de seus papéis e no cumprimento de seus objetivos. A ordem estaria implícita na organização da sociedade. Já a mudança social resulta da ação histórica dos grupos sociais ou de certos fatores numa dada sociedade, compreendida como uma variação ou alteração relativamente ampla e não temporária, nem irreversível na estrutura social, nas esferas da economia, da cultura, da política, do Estado, da religião, da família – e mesmo no interior dessas instituições –, tendo por referência um momento anterior.

A ordem social é sempre repisada, e ameaças a ela são motivo de preocupação para pensadores como **Georg Simmel (1858-**

1917), para quem a *diferenciação social* resulta da acentuada individualização típica da *modernidade*. Em outras palavras, a diversidade aprofunda as relações sociais de interdependência. As relações entre os indivíduos separados apontavam para a sociedade como uma construção artificial. Ora os filósofos sociais pensavam o indivíduo, ora detinham-se no fenômeno do agrupamento mais amplo, indiciando questões emblemáticas para a Sociologia até hoje, entre elas as das relações entre indivíduo e sociedade, estrutura e ação.

Um sentimento de nostalgia impregna o pensamento dos autores clássicos da Sociologia, diante das mudanças avassaladoras que no século XIX varreram a sociedade aristocrática tradicional, impedindo-os, inclusive, de produzir uma teoria sobre a mudança social. Nesse dilema, **Ferdinand Tönnies** (1855-1936) polarizou conceitos sociológicos básicos como comunidade e sociedade.

Originalmente, comunidade (*Gemeinschaft*) é o grupo territorial de indivíduos com relações recíprocas, as quais se valem de meios comuns para lograr fins comuns; é sempre a comunidade local. Se a comunidade é urbana, aplica-se o termo a apenas uma parte da cidade, não à própria cidade, porque vilarejos e subúrbios concentrariam melhor a denominação. Modernamente, comunidade é a partilha de valores comuns, gerando o sentimento de pertença a um agrupamento social, espacialmente definido ou não. Mas à concepção de comunidade – espaço das relações sociais familiares, afetivas, naturais, próximas, tradicionais – Tönnies opõe o fenômeno sociedade como algo mais complexo, posterior no tempo, um sistema de relações artificiais, impessoais, mediadas pelo mercado e existindo sob contrato. A sociedade é uma estrutura composta pelos grupos sociais, diferentes e assemelhados, que mantêm laços entre si, sejam pela língua, pela cultura, pelo modo como se relacionam, produzem e trabalham.

A angústia com a ordem social em decomposição é percebida em muitas propostas teóricas sobre a sociedade moderna em afirmação, sejam para recompô-la, sejam para explicar o movimento que a revolve. As ideias de **Vilfredo Pareto** (1848-1923), centradas na luta das elites pelo poder, ganham força quando desmascaram que as demandas de igualdade ocultavam demandas de privilégios. É o momento de a Sociologia assumir o papel crítico de revelar a realidade em transformação, por detrás das aparências de harmonia e estabilidade.

Um olhar para as origens da Sociologia faz-nos ser seletivos quanto aos primeiros sociólogos. Concentramos a atenção na contribuição de Durkheim, Weber e Marx. A riqueza analítica desses e de outros autores clássicos e contemporâneos fornecerá o contraponto necessário a temáticas dos nossos dias e de uma ciência da sociedade desde a sua origem. Em fins do século XIX, o cenário era de consolidação da face moderna e determinadamente racional da Revolução Industrial, das insurreições políticas e ensaios democráticos, dos povos colonizados em países de além-mar. Certamente, não é por acaso que os clássicos tradicionais da Sociologia reservaram parte significativa da sua análise para o trabalho e a religião, como fenômenos sociais de base.

> A produção sociológica dos clássicos acontece em plena ebulição dos acontecimentos econômicos, políticos e culturais da segunda metade do século XIX e ocorre de modo concomitante entre os pensadores da Europa e da América do Norte.

O desmoronar do Antigo Regime e os rasgos de progresso material trazidos pelas transformações econômicas marcam de forma concreta a vida da população. Os primeiros sociólogos percebem isso e até se atemorizam. A sua produção intelectual demonstra ser o problema da ordem social central na Sociologia e, para mantê-la ou reconhecê-la em mudança, eles teorizam. Cada qual produziu uma teoria da sociedade, mas também uma teoria da ciência.

Conhecimento e realidade social são integrantes de um mesmo fenômeno; um alimenta o outro. Os homens são ávidos em conhecer as condições da própria existência e desenvolvem métodos científicos para alcançar esse objetivo. Todos os pioneiros da Sociologia propuseram método próprio de análise e aqui também se reconhece o quanto cada método demanda suas teorias. Teorias sociais são explicações sobre a realidade social e se apresentam por meio de conceitos concatenados; são produtos históricos, têm uma validade relativa aos fenômenos a que fazem referência.

A sociedade integrada de Durkheim

É significativo notar Simmel (1998), na Alemanha, defrontando-se com o tema da diferenciação social, nos mesmos anos em que, na França, **Émile Durkheim** (1858-1917) escreve *A divisão do trabalho social* [1893], uma das obras mais lidas em Sociologia. A divisão do trabalho e processos outros de diferenciação social fazem emergir interesses, vontades individuais ou coletivas com frequência radicalmente opostos. No entanto, a sociedade funciona, permanece e se transforma. Isso intrigava os cientistas sociais da época, e a imagem da sociedade que nos passam é de um conjunto integrado de fatos sociais regulares, preocupados estavam em explicar cientificamente o seu funcionamento harmonioso. As partes concatenadas desse todo eram concebidas como agrupamentos e instituições sociais. Essas podiam ser identificadas por aquelas organizações que alçaram a condição de estruturas relativamente permanentes por terem fincado raízes na sociedade. A Igreja, a escola, a família, o Estado são exemplos encontrados de instituições fornecedoras de regras de conduta aceitas e legitimadas socialmente.

Em analogia com as ciências naturais, mais desenvolvidas que as sociais, Durkheim propôs o estudo da sociedade como uma Fisiologia Social. Inspirou-o o paradigma da integração social. Por meio dela, há a tendência dos indivíduos de coordenarem suas ações sociais com as de outros níveis da estrutura social, em clima de baixo grau de conflito. Reportemo-nos às situações de guerras, conquistas, domínios e desigualdades sociais, expostas agora de forma mais atenta ao despertar do interesse das ciências sociais. O estado variável da sociedade era observado como um sistema social, uma coletividade, que tendia à estabilidade, ao equilíbrio, graças à integração entre as suas partes.

O amálgama que une as partes, para Durkheim (1973), são laços de coesão ou solidariedade e diferem conforme o tipo de sociedade. Sociedades mais simples, com primazia no tempo, como as tribos primitivas e os clãs organizados, comportavam manifestações de uma solidariedade mecânica, que ocorre por similitude entre os indivíduos vivendo sob uma divisão do trabalho incipiente.

Com o crescimento da população e o progresso técnico, as sociedades experimentam um fenômeno de densidade moral, caracterizado pelo aumento e a intensidade das relações sociais. Essa é a sociedade industrial. Nela, os vínculos de uma solidariedade orgânica, funcional, propiciada pelo fato de os indivíduos se diferenciarem e tornarem-se interdependentes, levam a uma divisão do trabalho mais complexa.

Teoria da coesão social – Émile Durkheim

Tipos de sociedades	Tipos de coesão	Controle social
Sociedades simples, primitivas →	Solidariedade mecânica →	Consciência coletiva
Sociedade industrial →	Solidariedade orgânica →	Divisão do trabalho

Nas sociedades segmentares, marcadas pela tradição e relações sociais entre indivíduos intercambiáveis, o controle social ocorre por formas diretas de constrangimento das consciências individuais, devido à existência da consciência coletiva. O controle social é o domínio que indivíduos, instituições ou grupos exercem sobre outros, mediante o estabelecimento e a vigilância do cumprimento de normas e regras de conduta sociais. Entre os tipos de controle social estão os costumes, a religião, a lei, a moral, a educação, exercidos por instituições específicas e pela sociedade em geral.

Nas sociedades modernas a coerção social torna-se mais difusa e é exercida pela divisão do trabalho, segundo Durkheim, dada a interdependência maior que se estabelece entre indivíduos e grupos sociais. A coerção social está presente na pressão velada ou aberta que a sociedade exerce sobre o indivíduo, para que este siga os costumes e comporte-se segundo os valores e as normas vigentes. Nem sempre ela é sentida pelo indivíduo, porque o induz a adaptar-se às regras de convivência social.

Explicitando conceitos

Consciência coletiva é o conjunto de valores, sentimentos, crenças e tradições de uma sociedade, preservado, respeitado e legitimado no decorrer de várias gerações. É a moral de determinada sociedade, em que predomina a solidariedade mecânica, conforme Durkheim

> (1973). A consciência coletiva exerce sobre os indivíduos uma coerção reforçando hábitos, costumes e representações sociais.
>
> *Representações sociais* – objeto caro à Sociologia – são as noções ou conceitos pelos quais os grupos sociais explicitam sua concepção do mundo. As representações sociais ou coletivas resultam da combinação e associação de ideias e experiências de múltiplas gerações que cooperam para sua formação. A experiência dos indivíduos as reelabora.

Mediante sanções sociais positivas ou negativas, a questão do controle social é um dos sustentáculos da teoria durkheimiana, pois a sua Sociologia, de cunho normativo, persegue uma existência pacífica e integrada da sociedade. Tudo o que venha a fugir desse padrão de funcionamento estável e controlável – leia-se, um estado de saúde social – é enquadrado como patológico e pode conduzir à condição de anomia social, o mesmo que ausência de normas, a vacância da organização. Quando ocorre a desorganização das normas sociais, também chamada de disnomia, ou momentos de anomia na sociedade – uma revolta, um motim, uma crise econômica –, esses estados temporários estão sujeitos à correção para restabelecer a ordem social. Frente a essas anomalias, Durkheim evoca a revitalização das corporações profissionais, capazes de recompor os laços de natureza moral que as forças do mercado ameaçam destruir.

Esses vínculos de natureza moral traçam o perfil da análise de Durkheim e estão expressos também em outras obras, sejam de matiz metodológico como *As regras do método sociológico* [1895], sejam nos escritos sobre educação civil ou em *As formas elementares da vida religiosa* [1912]. A concepção de realidade objetiva, que independe dos sujeitos e os precede – quando os indivíduos nascem, encontram a sociedade organizada –, é coercitiva, na medida em que aquela os pressiona a agir de acordo com os valores e as normas dos grupos sociais nos quais estão inseridos, justifica a teoria social desse pensador.

> Para Durkheim, a Sociologia tem o papel de compreender o funcionamento orgânico da sociedade e suas partes, de maneira a formular leis e realizar generalizações.

Um dos papéis da Sociologia como ciência é, portanto, a apreensão dos fenômenos sociais para permitir intervenção e correção dos rumos da sociedade. Essa é concebida como orgânica porque sua estrutura é sistêmica e as partes são complementares. A estrutura analítica que Durkheim dá ao problema da ordem mostra-nos que ela representa a outra face da mudança social. Sua produção intelectual, numa metodologia funcionalista de apreensão e explicação da sociedade, não explica a contento a origem e a existência dos conflitos sociais, que se caracterizam como fortes divergências ou oposições existentes entre grupos sociais e podem levar ao enfrentamento. Os conflitos pressupõem a existência de desigualdade entre grupos com interesses distintos, principalmente no âmbito social, político e econômico. São exemplos: o conflito de classes, os conflitos étnico-raciais, a luta pela terra, os conflitos religiosos, as guerras e as revoluções sociais.

Quanto ao seu método sociológico (ver Quadro 1 adiante), Durkheim (1990) pode ser considerado um conservador, pois concebe os fatos sociais como coisas, apreensíveis graças ao distanciamento e a busca de neutralidade do observador, quando eles não são de fácil modificação. Apesar disso, Durkheim considera-o um método provisório, capaz de se modificar à medida que a ciência avança. O método de análise social de Durkheim é considerado positivista.

O positivismo propõe transpor os métodos das ciências naturais como critérios para a existência de uma ciência da sociedade de caráter moral. A sociedade seria regida por leis naturais e a ciência, considerada instrumento de intervenção do homem na realidade. O positivismo toma a descoberta das leis de funcionamento da natureza como verdades científicas e, ao se deter na observação e experimentação dos fenômenos, privilegia os fatos, toma-os como dados, evidências que devem ser perseguidas e demonstradas. A lógica positivista tenta eliminar a subjetividade e a visão de mundo do pesquisador para obter um conhecimento objetivo. O real lido pela ciência, no entanto, não está dado, não penetra os sentidos de forma espontânea como supõe o positivismo; é necessário um esforço de questionamento mental da realidade para apreendê-la. August Comte é o fundador dessa filosofia social inspirada nos métodos das ciências naturais.

Weber pensa a racionalidade dos fenômenos sociais

Uma teorização sociológica que põe o conflito na análise social é produzida por **Max Weber** (1864-1920). Para ele, o conflito nasce da contraposição de interesses econômicos, no calor das relações dos mercados, onde ocorrem a oferta e a demanda de mercadorias. Podemos imaginar esses espaços, na Antiguidade, com mercadores bradando seus produtos para troca; ou na Idade Medieval, quando campesinos e habitantes das cidades discutiam em praça pública, barganhando o preço dos produtos.

A sociedade moderna é, por excelência, aquela dos mercados, dos interesses organizados e opostos, propiciando conflitos. E não apenas o mercado dos produtos objetivos, mas também a pluralidade do mercado de trabalho, o qual se apresenta fracionado localmente e pelo tipo de qualificação do trabalhador, potencializando uma divisão social do trabalho.

A esfera econômica, no entanto, não é a única em que se manifestam o conflito e a luta de classe. Weber (1977) os observa nas esferas da política, da religião, do direito, da honra, do prestígio, as quais estão conectadas e ainda mantêm uma autonomia relativa. As relações entre essas esferas são atravessadas por um traço de racionalidade que caracteriza, por exemplo, a ação racional capitalística, própria do empreendimento que visa o acúmulo de riqueza. Enfim, para Weber, os conflitos não são patológicos nem provocam desintegração social, mas favorecem uma estrutura institucional capaz de regulá-los, que chama de ordenamento social.

Podemos dizer que a coerência da teoria weberiana é sustentada pelo paradigma da racionalização acerca da realidade social. Do conjunto de sua obra, a racionalidade destaca-se como princípio organizativo da sociedade moderna, a ponto de formular a expressão "desencantamento do mundo", referindo-se ao descontrole do comportamento racional propiciado pelo avanço técnico, tornando-se irracional, inclusive.

Para Weber (1974), a realidade social é complexa, caótica e foge ao controle humano, por isso o sujeito que a investiga é o seu ordenador. A finita mente humana ordena-a, criando conceitos particulares das situações históricas e culturais. Essas construções conceituais são ideias e proposições que tipificam e caracterizam a realidade social e Weber as denomina tipos ideais. Entre os tipos ideais que elaborou estão a burocracia, típica dos Estados modernos; a dominação, como um fenômeno social complexo e berço do poder; o capitalismo ocidental, que se distingue por sua racionalidade presente nas ações sociais mais simples. A construção de tipos ideais é um recurso metodológico weberiano e está em referência ao conjunto de valores significativos de uma cultura em determinado tempo, captado pelo cientista, em seu traço de individualidade histórica, isto é, aquilo que o fenômeno tem de particular, de singular, que lhe é próprio.

> Weber concebe a Sociologia como uma ciência interpretativa, cujo objeto é a ação social, a qual deve ser compreendida pelo sentido que lhe atribuem os atores sociais.

Weber (1977) propõe o método da compreensão para captar o sentido da ação social, seja racional, afetivo e/ou tradicional. Assim, os homens agem levando em conta as ações de outros homens; deixam-se guiar por elas. Se a ação é racional, com relação a fins ou a valores, é a razão que a impulsiona (por exemplo: vendo-lhe minha bicicleta porque preciso de dinheiro); se a ação social tem por sentido a emoção, ela é afetiva (por exemplo: no local de trabalho, comemoramos os aniversariantes do mês); e/ou se a ação social tem por motivo a tradição, ela é tradicional (por exemplo: a cerimônia de posse do governador foi concorrida). O sentido da ação social é um meio para alcançar um fim e torná-la efetiva, uma vez que acontece numa cadeia motivacional, num processo de muitas ações concatenadas, uma relação social, na concepção de Weber.

Ainda que Weber considere os fatores econômicos como importantes para as mudanças sociais, as ideias e os valores sociais são determinantes para que transformações aconteçam. Os valores sociais constituem a motivação da ação social, dizem respeito ao que é desejável, de um modo geral; são interiorizados pelos indivíduos no processo de *socialização*, a partir de certos comportamentos estruturados e regulares. A noção de valor coloca problemas no plano das diferentes representações que os grupos de uma sociedade têm dos chamados valores comuns, os quais tornam possível a vida social. Por isso, a Sociologia deveria se concentrar na ação social, segundo Weber, e não tanto nas estruturas, pois as motivações e ideias humanas teriam o poder de transformação social. É nessa lógica que Weber (1967) escreveu *A ética protestante e o espírito do capitalismo* [1904], em que mostrou uma determinada ética religiosa – a calvinista – como impulsionadora do capitalismo no Ocidente.

A análise sociológica de Weber prima pelo caráter metodológico, histórico, comparativo, passando de forma marcante pela história das religiões universais. Não descura de uma teoria em que os indivíduos são agentes da mudança social, por serem capazes de agir livremente e de modificar o futuro; este apresentado como um leque de alternativas passíveis de escolha. O pensamento de Weber difere, portanto, do de Durkheim e de Marx, quanto ao papel dos indivíduos na conformação da realidade social.

A contradição social revelada por Marx

Mesmo que **Karl Marx** (1818-1883) não seja um sociólogo, ele pode ser considerado um clássico da Sociologia, pois sua influência para a compreensão da mudança social foi notável. Outras ciências sociais podem também avocar como sua a contribuição desse filósofo social. Sua maior contribuição sociológica está na análise da dinâmica da sociedade capitalista.

> Toda sociedade produz e consome e, nesse processo, se reproduz.

Em verdade, Marx explica como em cada sociedade – asiática, antiga, feudal, moderna – as relações sociais básicas são aquelas da esfera da produção, as que os homens estabelecem entre si para garantir sua sobrevivência material e, por conseguinte, a reprodução social. Essa compreende tanto a produção quanto a criação das condições pelas quais uma sociedade perdura. As relações entre o escravo e o seu proprietário, o servo da terra e o senhor feudal, determinam a estrutura das respectivas sociedades. A estrutura de classe, no entanto, é específica da sociedade contemporânea e abriga as relações fundamentais de representantes de suas classes sociais: o trabalhador assalariado e o capitalista, segundo Marx.

Essas relações de produção na sociedade capitalista são essencialmente de dominação, porque envolvem diferentes interesses de classe, inevitavelmente antagônicos; trabalhadores querem o seu salário, enquanto os donos do capital almejam o lucro. O conflito de classe – contido na luta de classe em defesa do interesse oposto à outra parte – é a grande força da história responsável pela transformação social. Para Marx (1977b), a historicidade é a própria transitoriedade do capitalismo e depende do desenvolvimento desses antagonismos e das lutas sociais de caráter estrutural.

O mecanismo que impulsiona a mudança social é de natureza dialética, no sentido de que o modo de produção de cada sociedade produz as forças destinadas a negá-lo, a fim de superá-lo. Por isso, podemos dizer que o eixo explicativo da teoria de Marx é o paradigma da contradição social, ao expor os lados que se opõem na realidade e criam impasses para que a história flua. O capitalismo torna-se transparente em seus mecanismos de dominação, revelando as contradições sociais, compreendidas como divergências, oposições ou tensões existentes numa dada sociedade.

As contradições sociais, na tradição marxista, são estruturais do capitalismo e são dialéticas por constituírem oposições reais, históricas, e ainda poderem ter aparência mistificadora ou ideológica. As ideias filosóficas, políticas, religiosas, também as instituições jurídicas desenvolvem, na concepção de Marx (1977b), um papel ideológico por remeterem às estruturas de dominação, justificando-as e fazendo com que sejam aceitas.

Seus escritos são vigorosos e refletem a situação do seu tempo, em plena Revolução Industrial nos países europeus, nos quais ele circulou como jornalista e ativista político. Qualquer um dos clássicos da Sociologia só pode ser tratado e conhecido pelo conjunto de sua obra; com Marx esse alerta é válido para não incorrer em banalização, uma vez que o seu pensamento foi interpretado à exaustão nas ciências sociais e pela experiência histórica, sobretudo a política soviética, da primeira metade do século XX.

Uma página de propaganda política é, sem dúvida, o *Manifesto comunista* [1848], escrito em parceria com **Friedrich Engels** (1820-1895), onde estão delineadas as diretrizes do processo da história, filosoficamente analisadas em *A ideologia alemã* [1845], na *Contribuição à crítica da economia política* [1859] e em sua obra-prima, *O capital* [1867-1905], entre outras obras.

Ao longo de sua obra, Marx produz o método e a interpretação do modo de produção capitalista, preocupando-se em explicitar os passos da dialética materialista. Empenha-se em mostrar as coisas que não aparecem e se escondem atrás das relações sociais, como se fossem dotadas de propriedades exclusivas, místicas, independentes do trabalhador que as faz e das relações de produção a que está subordinado.

Em suas teorias interpretativas da realidade social, Marx pressupõe o processo de conhecimento como uma atividade prática. O pensamento é uma forma de apropriar-se do real e, assim, transformá-lo. Há processo histórico no conhecimento empírico de situações particulares, por haver historicidade na ação recíproca dos homens que produzem a sociedade em que vivem.

Fios condutores da investigação social

As teorias sociológicas contemporâneas são herdeiras do pensamento clássico e o rompimento desse tributo é árduo por uma série de razões; basicamente, pelos limites das teorias e suas opções de método, mas também pelo alcance explicativo de muitas delas, de sua complexa contraposição e até complementaridade.

As ciências sociais e, em particular, a Sociologia, apresentam uma multiplicidade de métodos, a partir das vertentes racionais da *indução* e *dedução*. Em linhas gerais, podemos afirmar que a produção teórica contemporânea – século XX e início do novo milênio – ainda não resultou em uma síntese metodológica. Convivem diferentes vertentes da explicação sociológica. Dos autores clássicos vertem métodos particulares, na ânsia de dar conta dos problemas da ciência em afirmação e da realidade social fugidia. No conjunto de sua obra, propuseram perspectivas analíticas assentadas no método comparativo (Durkheim), no método compreensivo (Weber) e no método dialético (Marx), como explicitado no Quadro 1.

Quadro 1 – Métodos de investigação da realidade social nos autores clássicos

Durkheim	Weber	Marx
Comparativo	**Compreensivo**	**Dialético**
Como os fenômenos sociais são *sui generis*, é preciso investigá-los utilizando os mesmos princípios de investigação das ciências naturais. Deve-se buscar as ligações causais por meio de investigação metódica e sistemática. Propõe regras para a observação dos fatos sociais: – Considerar os fatos sociais como coisas (características: coercitividade, exterioridade e generalidade). – É preciso afastar sistematicamente as prenoções. – Nunca tomar por objeto de pesquisa senão um grupo de fenômenos, previamente definidos por certos caracteres exteriores que lhe são comuns.	Cabe à Sociologia interpretar o sentido da ação social. Essa compreensão ocorre por meio da razão, a partir dos significados e valores de quem investiga. Dessa forma, os valores devem ser incorporados e fazer parte da investigação social. Não há recomendação para suprimir toda prenoção e juízos de valor, e sim integrá-los de modo consciente na pesquisa. O método é comparativo, porque busca na história valores e culturas explicativos das ações sociais. É também um método compreensivo, por permitir a apreensão interpretativa do significado ou da conexão de sentido da ação social.	É concebido como o método de apreensão que permite ir à raiz da realidade. Ao mesmo tempo em que procura entendê-la, o método procede a transformação da realidade social. A compreensão da realidade passa pelas condições materiais da vida da época analisada. O seu pressuposto é que o modo de produção da vida material condiciona o processo da vida social, política e espiritual em geral. Busca na história, enquanto processo de fatos concatenados, a chave para o desvelamento das relações sociais, sua relação recíproca e a interação existente entre os fatos, as estruturas e os acontecimentos. Sua análise propõe partir de noções simples e ampliá-las para categorias mais gerais. Noções simples como trabalho, divisão de trabalho, valor de troca se elevam a categorias como Estado, trocas internacionais, mercado mundial.

Fonte: Durkheim (1980); Weber (1974); Marx (1977a). Elaboração das autoras.

Métodos de pesquisa são muitos na Sociologia e essa condição levanta, por vezes, dúvidas e questões quanto à sua cientificidade. A junção da teoria e do método de conhecimento que a informa corresponde à metodologia, que consiste no caminho tomado para o estudo da realidade. A metodologia reflete sobre os processos racionais de um pensamento metódico como se fossem veios orientadores da análise e não se restringe a um conjunto de técnicas de pesquisa, mas ao método somado às teorias para a compreensão de uma dada realidade.

A produção sociológica transita metodologicamente pelo *funcionalismo*, o *estruturalismo*, o *funcional-estruturalismo*, o *interacionismo simbólico*, a *fenomenologia*, a *teoria crítica*. Acompanhemos a explicação de cada um dessas perspectivas teórico-metodológicas.

Diferentes abordagens metodológicas na Sociologia

Estruturalismo

O estruturalismo persegue as permanências sociais. É uma abordagem teórico-metodológica que nasceu sob inspiração da Linguística com Ferdinand de Saussure, mas não se restringiu ao seu estudo. Essa perspectiva teórica busca captar e compreender as inter-relações e as estruturas sociais, a partir de seus significados em dada cultura. São exemplos na Antropologia Social os estudos de Lévi-Strauss; na Psicologia, a proposta de Jean Piaget; na Sociologia, as pesquisas de **Talcott Parsons**; e na Filosofia, os estudos de Louis Althusser, ao primar pela interpretação estruturalista da obra de Karl Marx.

Fenomenologia

Embora seu aparecimento seja anterior, foi o filósofo **Edmund Husserl** que deu novo significado ao conceito. A fenomenologia objetiva descrever, compreender e analisar os fenômenos de modo a não separar sujeito e objeto, mas a apreendê-los a partir da experiência primeira do indivíduo, ou seja, a relação do sujeito com o fenômeno estudado.

Funcional-estruturalismo

Um dos principais representantes dessa vertente teórico-metodológica é Talcott Parsons, que apresenta como tema central de sua teoria o funcionamento das estruturas sociais, desenvolvendo o modelo de referência ao sistema social, como a Biologia estuda os organismos vivos. Reconhece a função exercida pelas forças institucionais e padrões culturais vigentes para a manutenção do sistema social.

Funcionalismo

Trata-se de uma perspectiva teórico-metodológica que sustenta ser a sociedade um sistema, cujas partes trabalham conjuntamente para produzir estabilidade e solidariedade. Para essa teoria, a ordem e o equilíbrio são o estado normal da sociedade, o qual se funda no consenso moral. O funcionalismo deduz haver uma ligação entre exigências (necessidades) sociais e as formas institucionais (os ritos, as técnicas, os costumes etc.) na garantia de integração social. Foi grande a sua influência nas ciências sociais; na produção sociológica seus representantes são August Comte, Herbert Spencer e Émile Durkheim.

Interacionismo simbólico

Essa abordagem teórica emerge da preocupação com a linguagem e com o significado. Ocupa-se fundamentalmente com os símbolos, os gestos, as formas de comunicação não verbais, consideradas símbolos também. Essa corrente tem sido criticada na Sociologia por preocupar-se com o detalhe, sem considerar as grandes estruturas e/ou as relações de poder na sociedade, por exemplo.

> **Teoria crítica**
>
> A teoria crítica e a Escola de Frankfurt têm a mesma fundamentação. O fundador foi **Max Horkheimer**, que a batizou como teoria crítica por reunir teoria e prática, em oposição à teoria tradicional, de cunho cartesiano (de **René Descartes**). Embora sem uma unidade no pensamento, importantes participantes, como **Theodor Adorno, Walter Benjamin, Herbert Marcuse, Eric Fromm, Jürgen Habermas**, deram sua contribuição em diferentes épocas. O método adotado é o histórico, aceita as contradições sociais, porém não há uma síntese, pois, segundo Adorno, o todo é totalitário.

Provas do avanço da humanidade, as ciências passaram parte de sua história presas ao paradigma positivista. Assim aconteceu, com a Física moderna, que a Física Quântica revolucionou.

Em termos de método, portanto, o modelo da racionalidade positivista imperou na ciência moderna e impregnou seus princípios epistemológicos e regras metodológicas. A epistemologia é o estudo crítico das ciências e teorias já constituídas. Seus princípios são mecanismos, teorias e concepções metodológicas, que norteiam o revisitar constante da ciência e do fazer ciência, em face da realidade em transformação.

Sendo também uma expressão das condições históricas, o positivismo entrou em crise no século XX e a realidade da ciência passou a pedir outra base de sustentação das ideias acerca do mundo. Teorias e autores contemporâneos tendem a posicionar-se criticamente quanto à influência do paradigma positivista, que se apresenta como única forma de conhecimento verdadeiro.

Paradigmas científicos – ou seja, grandes eixos de pensamento de natureza teórica e metodológica sobre os quais uma comunidade de cientistas em determinado campo de conhecimento desenvolve um consenso – não se aplicam de forma unívoca nem duradoura nas ciências sociais. As ciências sociais têm seus limites vazados que permitem livre trânsito entre elas, o que dificulta pensar paradigmas exclusivos para explicações sobre a realidade social. Também são mais maleáveis, e talvez isso explique a juventude da Sociologia e a especificidade do seu objeto – o homem e suas relações. Além disso, dada a multiplicidade de fatores objetivos e subjetivos que corroboram para a constituição desse objeto, os esquemas explicativos não se autoexcluem e até se superpõem.

Podemos pensar paradigmas como fios condutores do raciocínio científico que se inspiram, por exemplo, em grandes métodos de apreensão da realidade. Una e divisa ao mesmo tempo, ciência é *a* ciência – o conjunto das diferentes ciências –, enquanto *as* ciências são os diferentes ramos do conhecimento, que se debruçam sobre parcelas da realidade, seja ela física, natural, matemática ou social.

A ciência hoje também se questiona

Uma nova concepção do conhecimento, da matéria, da natureza, do homem, vem se impondo e ajudando os cientistas a problematizá-la, revendo, inclusive, a própria condição do analista. Nesse movimento, outros critérios concorrem para que o conhecimento científico se efetive, tais como a *complexidade*, a autoorganização, a *sociedade pós-industrial*, numa visão da realidade em que o todo não apenas contém as partes, mas estas estão presentes no todo. Em verdade, está se firmando uma consciência da natureza e de pertencimento do homem a ela, que a racionalidade moderna havia sabotado.

A análise de autores como **Edgar Morin** (1994) e **Boaventura de Sousa Santos** (1998), sobre as realidades sociais dos séculos XX e XXI, revela que as inúmeras ameaças e perigos que assolam a humanidade e o planeta Terra foram decorrentes da forma de se pensar e se fazer ciência do homem contemporâneo.

As transformações drásticas, e muitas delas talvez irreversíveis em todas as dimensões, levam-nos a fazer a reflexão sobre a ciência e seus paradigmas que predominaram até o presente momento. Os cientistas, por exemplo, ao realizarem as suas descobertas nos diversos ramos das ciências naturais (Química, Física, Biologia), ao ocuparem-se de seus objetos numa concepção de ciência neutra, objetiva e simplificada, própria da ciência tradicional, pouco se indagaram acerca dos efeitos de suas pesquisas sobre a vida no planeta.

Muitas das descobertas, pretensamente neutras, ao serem utilizadas pelo mercado e por governos de diversos matizes, produziram novos riscos para a humanidade, distintos daqueles próprios da natureza, como é o caso das erupções vulcânicas, terremotos, tempestades etc. Para o sociólogo **Ulrich Beck** (1997), os riscos atuais são incalculáveis e peculiares, pois são resultados da ação do homem sobre a natureza, por isso formula o conceito de sociedade de risco.

As ameaças que pairam sobre o ambiente, a saúde, o trabalho, o cotidiano e sobre todos os seres vivos, e as consequentes reflexões sobre tal cenário, provocaram a crise da ciência. Significa dizer, provocaram a consciência dos limites da ciência e de suas insuficiências, permitindo identificar as fragilidades de seus pilares. Por isso, urge uma ciência com consciência, como defende Morin (1994).

A crise da ciência e de seus paradigmas dominantes levou Sousa Santos (1998) a delinear um paradigma emergente. Na expressão deste autor, o paradigma que está emergindo é mais que científico, é um paradigma social. Sua força está em romper com dicotomias como ciências naturais/ciências sociais, sujeito/objeto, indivíduo/sociedade, *senso comum*/conhecimento científico, entre outras. O paradigma emergente avança para além da disciplinarização do saber científico especializado, as separações rígidas existentes entre o sujeito de conhecimento (o cientista) e o sujeito da ação histórica. Rompe com as classificações ou a taxionomia que a ciência tradicionalmente tem feito da realidade.

Uma dimensão paradigmática se expressa pelo enfrentamento de grandes problemas em um campo de conhecimento, basicamente no que diz respeito à relação entre *teoria* e *empiria*, no caso da Sociologia. De teor mais teórico-crítico, essa ciência não empreende pesquisa empírica, como o fazem as ciências naturais, isto é, valendo-se da experiência e da experimentação. Nela, a observação empírica dos fenômenos substitui a experiência. A natureza humana e histórica do objeto sociológico, neste aspecto, cobra um tratamento científico-metodológico adequado à dimensão subjetiva do fazer pesquisa, não dispensando o suporte teórico.

Os autores clássicos da Sociologia debatiam-se também com a questão da ordem e da mudança sociais, procurando explicá-las teoricamente e buscando soluções ao propor intervenção na realidade, ordenando a mudança e enquadrando os conflitos sociais. Essa questão conduz a ações políticas, ao mostrar a necessidade de planejamento das atividades e de disciplina dos comportamentos sociais.

Esses modos de uma ciência acercar-se da realidade mostram que a Sociologia vem se fazendo uma disciplina científica num movimento pendular, segundo Jeffrey Alexander (1999). Ora ela pende para explicações que comportam a estrutura social, ora se detém no nível das ações sociais. Se, por um lado, as ações sociais são aquelas cujo sentido se orienta pela ação de outros agentes sociais e encaminha a pesquisa para um foco de análise mais reduzido, a estrutura social é a base de relações sociais e dá sustentação histórica a determinada sociedade. A estrutura da sociedade capitalista, por exemplo, está baseada em instituições hierárquicas que favorecem a concentração do poder econômico e político e na relação entre as classes sociais.

A Sociologia não dispensa a estrutura nem a ação para as suas explicações. Se prevalece o paradigma da estrutura, explicará os comportamentos humanos a partir da sociedade, se o da ação, será o indivíduo o centro da dinâmica social. A Sociologia adensa seu corpo de conceitos, bebendo nas duas fontes. Poderíamos dizer que o equilíbrio está no meio, ainda que os argumentos sejam instigantes no âmbito da Micro ou da Macrossociologia. As duas abordagens são compatíveis.

Os níveis microssociais dizem respeito a tudo o que acontece na sociedade relativo às relações interindividuais, no interior dos pequenos grupos – as relações sociais no âmbito da família (pais e filhos, casal), da empresa (chefe e subordinados, equipe de trabalho). Os níveis macrossociais referem-se às relações sociais, políticas e econômicas que ocorrem no âmbito da sociedade mais ampla – relações interinstitucionais, relações internacionais, interempresariais, entre outras, em referência ao conjunto de uma dada sociedade ou à sociedade global. Os níveis micro e macrossociais estão inter-relacionados e correspondem, o primeiro, ao foco na ação social e, o segundo, na estrutura social, embora a Sociologia contemporânea procure fazer a leitura da totalidade.

> Tanto a ação quanto a estrutura sociais são categorias analíticas – conceitos elaborados com o objetivo de observar o entrelaçamento dos fenômenos concretos em aspectos específicos da realidade social.

No teatro, por exemplo – usando uma metáfora –, os atores recitam um papel que muitas vezes não escreveram. No paradigma da ação social, ao contrário, é concedido espaço ao ator; ele não só pode escolher diversos cursos de ação, como também a sua ação pode colocar em xeque a própria estrutura social. As estruturas sociais, representadas pelas instituições, são feixes de ações consolidados no tempo e, como produtos humanos, podem ser modificados por outras ações.

Essa ambivalência da Sociologia – uma de suas características científicas – está presente na contribuição de Durkheim, via o paradigma da integração social; em Weber, mediante o paradigma da racionalização social; e na obra de Marx, com o paradigma da contradição social. As teorias e pesquisas empíricas contemporâneas valem-se dos paradigmas emblemáticos dos autores clássicos e continuam procurando razões explicativas para a mudança e a permanência sociais.

À medida que a sociedade se complexifica, o campo de conhecimento da Sociologia se amplia e novos objetos de estudos vão se delineando. São frutos da multiplicação de paradigmas e das diversas abordagens metodológicas; eis algumas sociologias: do consumo, do desenvolvimento, do trabalho, política, das organizações, urbana, rural, do meio ambiente, do gênero, do direito, da educação, do lazer, da saúde, da religião, do conhecimento, da comunicação, da cultura, econômica, da linguagem, das relações étnicas e raciais. Essa fragmentação em sociologias não as impede de terem sua autonomia e sua própria história e ainda se manterem entrelaçadas. Embora a análise conceitual demonstre a criação de novas categorias, a linguagem é própria da Sociologia e desvela problemas que, em diferentes áreas, requisitam tratamento e explicação. Em todas essas manifestações, algumas muito recentes, estão em evidência questões de diferenciação entre os homens, de desigualdade social e de diversidades culturais.

Somos testemunhas de mudanças nos paradigmas científicos ainda não percebidas, incompletas e precárias. Coexistem paradigmas clássicos e esquemas explicativos contemporâneos. Dada a simultaneidade dos acontecimentos em todos os campos da vida e áreas do saber e a velocidade das transformações sociais, há insuficiências estruturais na ciência moderna. Daí a importância dos pensadores clássicos tradicionais para nos ajudarem a compreender os acontecimentos. Eles são como os deuses gregos – suas insuficiências se completam, porque gozam de uma potência vital de longa duração, paradoxalmente, em uma ciência de pouco mais de um século.

Para reter o conhecimento

1) O que significa afirmar a Sociologia como uma ciência?

2) Como pensam a sociedade e a história os autores clássicos da Sociologia?

3) Identifique os paradigmas científicos da obra dos autores clássicos tradicionais da Sociologia.

A realidade clama à ciência

Leitura 1: Alexander, 1999.

"Um clássico é o resultado do primitivo esforço da exploração humana que goza de *status* privilegiado em face da exploração contemporânea no mesmo campo. O conceito de *status* privilegiado significa que os modernos cultores da disciplina em questão acreditam poder aprender tanto com o estudo dessa obra antiga quanto com o estudo da obra de seus contemporâneos. Além disso, tal privilégio implica que, no trabalho diário do cientista médio, essa deferência se faz sem prévia demonstração: é tacitamente aceita porque, como clássica, a obra estabelece critérios básicos em seu campo de especialidade. Graças a essa posição privilegiada é que a exegese e a reinterpretação dos clássicos – dentro e fora de um contexto histórico – se tornaram correntes importantes em várias disciplinas, pois o que se tem pela 'significação verdadeira' de uma obra clássica repercute amplamente. Os teólogos ocidentais tomaram a Bíblia por seu texto clássico, como o fizeram também aqueles que praticam as religiões judaico-cristãs. Para os estudantes de literatura inglesa, Shakespeare é indubitavelmente o autor cuja obra encarna os mais elevados padrões em seu campo. Durante quinhentos anos, Aristóteles e Platão gozaram de *status* clássico na teoria política" (Alexander, 1999, p. 24).

1) Com que critérios os clássicos da Sociologia pensaram a realidade social do seu tempo?

Leitura 2: Bourdieu, 1988.

"Preste atenção às relações pertinentes, com frequência, invisíveis ou imperceptíveis à primeira vista, entre as realidades diretamente visíveis, como as pessoas individuais, designadas por nomes próprios, ou as pessoas coletivas, simultaneamente nomeadas e produzidas pelo signo ou pela sigla que os constitui enquanto personalidades jurídicas" (Bourdieu, 1988, p. 43).

1) Polemize a respeito das relações entre os indivíduos e a estrutura social.

O olhar da Sociologia no mundo
Leitura 3: Durkheim, 1974.

"Eis, senhores, o que a Sociologia se tornou hoje em dia, e essas são as principais etapas de seu desenvolvimento. Os senhores a viram nascer com os economistas, constituir-se com Comte, consolidar-se com Spencer, determinar-se com Schaeffle, especializar-se com os juristas e os economistas alemães; e desse breve resumo de sua história os senhores podem concluir por si sós os progressos que ainda lhe restam por fazer. Ela tem um objeto definido e um método para estudá-lo. O objeto são os fatos sociais; o método é a observação e a experimentação indireta, em outros termos, o método comparativo. O que é preciso, agora, é traçar os quadros gerais da ciência e marcar suas divisões essenciais. Esse trabalho não é apenas útil à boa ordem dos estudos; tem um alcance maior. Uma ciência só está verdadeiramente constituída quando se dividiu e subdividiu, quando compreende um certo número de problemas diferentes e solidários uns dos outros. É preciso que ela passe do estado de homogeneidade confusa pelo qual ela começou para uma heterogeneidade distinta e ordenada" (Durkheim, 1974, p. 63).

1) Você concorda com essa apreciação de Durkheim sobre a transformação pela qual a Sociologia precisaria passar? Por quê?

Leitura 4: Weber, 1974.

"A ciência social que aqui pretendemos praticar é uma ciência da realidade. Procuramos compreender as peculiaridades da realidade da vida que nos rodeia e na qual nos encontramos situados para, por um lado, libertarmos as relações e a significação cultural das suas diversas manifestações na sua forma atual e, por outro lado, as causas pelas quais, historicamente, se desenvolveu precisamente assim e não de qualquer outro modo. Ora, logo que tentamos tomar consciência do modo como se nos apresenta a vida, verificamos que se nos manifesta 'dentro' e 'fora' de nós, sob uma quase infinita diversidade de acontecimentos sucessivos e simultâneos, que aparecem e desaparecem. E a absoluta infinidade dessa diversidade subsiste, e não menos intensamente, mesmo quando prestamos a nossa atenção, isoladamente, a um único 'objeto' – por exemplo, uma transação concreta. [...]. Assim, todo o conhecimento reflexivo da realidade infinita realizado por um espírito humano, finito, se baseia na premissa tácita de que apenas um fragmento limitado dessa realidade poderá constituir de cada vez o objeto da compreensão científica, e de que só ele será 'essencial' no sentido de 'digno de ser conhecido'" (Weber, 1974, p. 47-48).

1) Como é possível descrever o processo de construção do conhecimento sociológico de Weber?

Leitura 5: Marx, 1977a.

"Uma organização social nunca desaparece antes que se desenvolvam todas as forças produtivas que ela é capaz de conter; nunca relações de produção novas e superiores se lhe substituem antes que as condições materiais de existência destas relações se produzam no próprio seio da velha sociedade. É por isso que a humanidade só levanta os problemas que é capaz de resolver e assim, numa observação atenta, descobrir-se-á que o próprio problema só surgiu quando as condições materiais para o resolver já existiam ou estavam, pelo menos, em vias de aparecer. Em um caráter amplo, os modos de produção asiático, antigo, feudal e burguês moderno podem ser qualificados como épocas progressivas da formação econômica da sociedade. As relações de produção burguesas são a última forma contraditória do processo de produção social, contraditória não no sentido de uma contradição individual, mas de uma contradição que nasce das condições de existência social dos indivíduos. No entanto, as forças produtivas que se desenvolvem no seio da sociedade burguesa criam ao mesmo tempo as condições materiais para resolver esta contradição" (Marx, 1977a, p. 25).

1) Qual o sentido da inspiração teórica de Marx passar pelo paradigma da contradição social?

Leia mais
Os clássicos da Sociologia

RODRIGUES, José Albertino (org.). *Émile Durkheim*: sociologia. São Paulo: Ática, 1978.

Com excertos das principais obras, o organizador apresenta uma contextualização do que chama "A Sociologia de Durkheim", como suas relações com homens do seu tempo, posição metodológica e construção da teoria social.

COHN, Gabriel (org.). *Max Weber*: sociologia. São Paulo: Ática, 1979.

Da metodologia weberiana a textos sobre cultura e religião, a coletânea discute na apresentação os tipos ideais mais destacados produzidos por Weber.

IANNI, Octávio (org.). *Karl Marx*: sociologia. São Paulo: Ática, 1979.

Além dos trechos selecionados de obras de Marx, o organizador aprecia os fundamentos da sociedade capitalista e algumas polêmicas como existência e consciência, Estado e sociedade.

Sobre os autores clássicos

ARON, Raymond. *As etapas do pensamento sociológico*. 4. ed. São Paulo: Martins Fontes, 1993.

O autor, um clássico contemporâneo, conforma a sua análise à produção intelectual de cada um dos pensadores fundadores da Sociologia, com notas completas.

GIDDENS, Anthony. *Capitalismo e moderna teoria social*. Lisboa: Presença, 1990.

Análise das discrepâncias e convergências entre as obras de Durkheim, Weber e Marx.

SCOTT, John (org.). *50 sociólogos fundamentais*. Trad. Paulo Cezar Castanheira. São Paulo: Contexto, 2007.

Esta obra traça o perfil e mostra as principais contribuições de autores clássicos da Sociologia, como Émile Durkheim, Karl Marx e Max Weber.

Ciência e mudança de paradigmas

SOUSA SANTOS, Boaventura de. *Um discurso sobre as ciências*. Lisboa: Afrontamento, 1998.

A obra mostra a crise em que se encontra a ciência e afirma a transição paradigmática para uma nova forma de pensar e analisar a realidade social.

Tela crítica

A MARCHA DOS PINGUINS. Direção de Luc Jacquet, França, 2006.

A força do agrupamento dos pinguins-imperadores, na Antártida, está inscrita no código de defesa da espécie, expressa tensão semelhante à existente entre o indivíduo e a sociedade.

A FILHA DE RYAN. Direção de David Lean, Inglaterra, 1970.

Quando assistir ao filme, avalie o fenômeno da consciência coletiva atuando como controle social em uma pequena comunidade na costa da Irlanda.

O trabalho para viver

*O trabalho
Envaidece,
Enobrece,
Enriquece,
Aborrece,
Entristece,
Empobrece,
Enlouquece.
(...)*

*O trabalho
Democratiza,
Socializa,
Contabiliza,
Capitaliza,
Mecaniza,
Materializa,
Escraviza.*
Araken dos Santos,
Paradoxos do labor, 2001.

Síntese deste capítulo

O trabalho assume sentidos diversos ao longo da história. Trabalho como condição para a cidadania, no século XX. Weber analisa a valorização do trabalho, por meio da religião, e o desenvolvimento do capitalismo. A ética do trabalho e o "reino da necessidade" nos induzem a trabalhar dia a dia. Fator estruturante das relações sociais, a divisão do trabalho na sociedade capitalista ganha interpretações diversas. A divisão do trabalho social tem a função de integrar a sociedade, na ótica de Durkheim. Para Marx, a divisão social do trabalho favorece as desigualdades sociais. O sistema taylorista-fordista trouxe ganhos de produtividade. A produção em massa do fordismo provocou mudanças no modo de vida. Os trabalhadores obtiveram relativa proteção no trabalho, graças às suas lutas e resistências, à regulação do Estado e a um pacto entre sindicatos e empresas. A crise no capitalismo nos anos 1970 levou à transição econômica, política e social. A nova divisão internacional do trabalho reproduz as velhas assimetrias de poder.

O paradoxo do trabalho

Afinal, o que é trabalhar? O trabalho, fonte da vida, produção de riqueza é também fonte de desigualdades sociais e, na essência do poema da epígrafe, fonte de contradições. O trabalho pode representar apenas uma obrigação, um duro ganha-pão que se impõe aos que necessitam trabalhar para viver e não têm escolha, como pode representar a possibilidade de realização pessoal para os que gostam de trabalhar ou para os considerados viciados no trabalho – os *workaholics*. O trabalho pode significar, também, uma forma de ascender socialmente.

O trabalho deixa marcas em quem o exerce, em seu corpo e em sua mente e, paradoxalmente, se traduz em realização humana. Ele pode abalar a saúde do trabalhador quando gera insegurança, doenças profissionais, acidentes de trabalho ou quando o expõe a situações estressantes ou a assédio moral – procedimentos no ambiente profissional em que as empresas exigem determinados comportamentos dos trabalhadores mesmo que esses lhes constranjam. O assédio moral é também conhecido como *mobbing*, quando pessoas são forçadas a atuar de um modo com o qual não se identificam, sob o risco de serem perseguidas e demitidas.

Em muitas situações, o trabalho é sofrimento, adverte Dejours (1992). Quando o trabalhador não é valorizado, é explorado – especialmente em situações de trabalho intenso, longas jornadas, baixos salários, sobrecarga física e psicológica no processo de trabalho –, ele sofre. A negação do trabalho, por sua vez, pode se traduzir em desemprego por desalento – aquele em que o trabalhador, desempregado por longo tempo, já desistiu de procurar emprego devido às inúmeras negativas dos empregadores.

O trabalho tem dimensões individuais e da sociedade, e essa agrega os homens para o trabalho e divide os trabalhadores para repartir o seu resultado. Há os que trabalham e os que não têm trabalho; o trabalho da mulher e o do homem; trabalho qualificado e não qualificado; trabalhos que trazem reconhecimento e os desprezados; os que pagam bem, os que pagam salário mínimo e os não remunerados; trabalho formal e informal; trabalho legal e ilegal; trabalho material e imaterial; trabalho assalariado e trabalho autônomo; trabalho com carteira e sem carteira; trabalho integral e parcial; trabalho permanente e temporário; trabalho livre e trabalho forçado; trabalho do especialista e do aprendiz; trabalho criativo e repetitivo; trabalho na agricultura e na indústria; trabalho direto e terceirizado; trabalho manual e intelectual, trabalho voluntário e trabalho doméstico. Essas formas de trabalho coexistem, não são autoexcludentes nem contraposições rígidas. O tipo de trabalho realizado está ligado ao lugar social ocupado pelos indivíduos na sociedade.

O mundo das coisas, dos objetos, dos bens materiais e imateriais, é resultado do trabalho humano. É pelo trabalho que o homem constrói o mundo e, nesse processo, constrói a si mesmo. Trabalho é dispêndio de energia humana para realizar atividade coordenada mediante o uso de esforço físico, mecânico ou intelectual – habilidade, força e/ou criatividade – visando atingir um fim, cumprir uma tarefa, fazer um serviço. O trabalho tem como meta produzir os bens e serviços necessários à manutenção da vida e atender a outras demandas e necessidades criadas pelos homens no mercado.

Não somente o significado do trabalho se altera ao longo da história, como ele se constitui na condição de acesso à vida moderna. Um dos significados do trabalho nas sociedades ocidentais está em ter passado a conferir uma *identidade social* ao homem e a ser um dos elementos constitutivos do seu eu. Prova disso está em quando as pessoas nos perguntam "quem somos" e temos a tendência de responder "o que fazemos", isto é, a nossa ocupação. Se somos estudantes, significa que estamos nos preparando para o mercado de trabalho. Geralmente, a primeira pergunta a alguém que quer conhecer outra pessoa é o que ela faz na vida. É como se o trabalho falasse pelo indivíduo.

> O sentido do trabalho é social e adquire significados distintos, dependendo da forma como as pessoas com ele se relacionam.

Ao observarmos as pessoas trabalhando dia a dia, buscando o primeiro emprego, escolhendo uma profissão, competindo por uma vaga ou promoção, lutando por um salário melhor, algumas orgulhosas por seu trabalho, outras insatisfeitas ou conformadas com a falta de opções ou de emprego, não imaginamos que em outros períodos e contextos sociais tenha sido tão diferente. No passado, ainda que o agricultor estivesse na terra de sol a sol, o trabalho parecia se limitar à reprodução da vida e à produção da subsistência própria e a de seus senhores. No presente, o trabalho parece ter invadido todos os poros da vida, ocupando grande parte do tempo e das preocupações do trabalhador. Que fenômeno é esse?

O trabalho ascendeu da mais humilde e desprezada das atividades humanas para a condição de produtor de riquezas. Nessa trajetória, destacamos **John Locke** (1632-1704), que definiu o trabalho como origem de toda a propriedade, e **Adam Smith** (1723-1790), que o elevou a produtor de todas as riquezas, enquanto Marx (1975) concebeu-o não apenas como fonte de produtividade, mas como expressão da própria humanidade. Nessas perspectivas, analisamos o trabalho.

> Trabalho é o esforço para transformar a natureza e, nesse processo, o homem transforma a si mesmo.

Qualquer ato de trabalho é uma atividade produtiva, cujo produto é um valor de uso, condição da existência do homem em sua relação com a natureza. Mas, quando o dispêndio de força de trabalho humana produz bens em excesso para além da subsistência, como na sociedade capitalista, esses bens são trocados e esse é o valor de troca. Nesse aspecto, o trabalho cria valor. Há dignidade no trabalho humano. Por meio da troca de mercadorias, o trabalho privado que as produziu se torna social – o dinheiro, que é resultado do meu trabalho, é trocado por um livro que compro na livraria, por exemplo.

Essa é a teoria do valor-trabalho. Explicando melhor: o trabalho incorpora valor aos meios de produção, uma vez que a terra não produz sozinha, precisa do homem que a trabalhe; nem as máquinas funcionam sem que alguém as acione, comande-as, programe-as. Marx (1975) chega à natureza do trabalho, afirmando que só o trabalho cria valor, ou seja, os bens produzidos têm trabalho incorporado, acumulado. Por mais heterogêneo que seja o trabalho humano – o trabalho do pedreiro ou o da enfermeira – ele pode ser comensurável, isto é, traduzido em um valor equivalente, no caso, o salário, ou seja, a remuneração percebida pelo trabalhador em troca de um trabalho prestado regularmente.

A força de trabalho humana é trocada pelo salário, logo ela é uma mercadoria. O trabalho é uma relação social, pois os homens se associam para produzir materialmente a sua sobrevivência; uns são trabalhadores, outros são proprietários do capital que os emprega. As mercadorias produzidas – sejam concretas e objetivas, como uma bola de futebol ou uma calça jeans, sejam serviços prestados na forma de trabalho imaterial, como as aulas do professor, o programa do computador e o corte de cabelos – são quantidades de trabalho humano, geralmente avaliadas em tempo de trabalho e incorporadas aos bens e serviços. Todo tipo de bem, tangível ou intangível, que pelo trabalho foi incorporado valor com objetivo de troca no mercado, considera-se mercadoria. Na perspectiva marxista, a mercadoria esconde as relações sociais envolvidas na sua produção; esconde a troca dos inúmeros trabalhos sociais nela cristalizados.

> A expressão *trabalho imaterial* designa todo trabalho cujo processo se realiza sem que se configure necessariamente uma transformação material e o seu produto concreto fique claramente evidenciado, embora haja possibilidades do trabalho imaterial resultar em um produto material. É o caso do trabalho intelectual, de algumas formas de prestação de serviços, do trabalho criativo de concepção dos engenheiros e profissionais da informática, entre outros. Nas novas formas de organização da produção, aquelas tarefas que ultrapassam o caráter técnico da produção – como, por exemplo, a vigilância do trabalhador pela qualidade do produto, a responsabilização pelos erros e pelo posto de trabalho, a cooperação, a inovação, a troca de informações a partir da tecnologia informacional –, podem ser consideradas trabalho imaterial.

Foi numa época específica em que o capitalismo se constituiu como modo de produção dominante (séculos XVIII e XIX) que o trabalho transformou-se em mercadoria pouco ou muito valorizada. O valor da mercadoria trabalho não é universal, pois depende de um conjunto de fatores políticos e econômicos, do lugar em que o trabalhador se encontra: na periferia ou nos países centrais, no Brasil ou no Japão. A história nos mostra que, ao longo do século XX, houve conjunturas mais ou menos favoráveis ao trabalhador, períodos de elevação salarial e aumentos de proteção social, ou de insegurança e vulnerabilidade no trabalho.

> No passado, o trabalho era visto, pensado e sentido de modo diferente do atual.

O trabalho em outros tempos

O trabalho na Antiguidade estava associado a esforço físico, cansaço e penalização. A origem da palavra, no latim vulgar, associa trabalho/*tripalium* a um instrumento de tortura feito de três varas cruzadas ao qual os réus eram presos. O trabalho representava uma atividade indigna, reservada aos escravos. Aos que viviam livremente, a subsistência vinha da coleta de frutos, da caça e outras atividades; o tempo do trabalho era o da natureza – dia ou noite, com sol ou chuva.

Na antiga Grécia, o cidadão se diferenciava dos demais habitantes pela condição de não precisar trabalhar. Os escravos produziam o sustento de seus donos e de si próprios. A aversão ao trabalho era uma característica de diversos povos da Antiguidade. A economia na Idade Média era basicamente agrícola e os servos realizavam o trabalho. A liberdade e o poder eram prerrogativas de quem possuía terras. Até a Idade Moderna, não há sinais de exaltação do trabalho, por ser sinônimo de castigo e estar ligado a um estado de miséria e pobreza. A pior humilhação para um nobre decaído era ter que trabalhar.

Na era moderna, o trabalho teve o seu significado transformado, passou de atividade desprezada à condição de expressão da própria humanidade, fonte de produtividade e riqueza. Com as mudanças sociais, econômicas, políticas e culturais, no século XX, a ideia do trabalho firmou-se como uma atividade valorizada. O trabalho passou a ser interpretado como um valor social – uma atividade digna e dignificante, sentido que lhe é caro ainda hoje.

A História mostra o papel da Reforma Protestante, no século XVI, ao ser instituída uma ética do trabalho com base no livre-arbítrio religioso. O surgimento de novas religiões cristãs significou o fim da hegemonia política e espiritual da Igreja Católica e as divergências expostas por elas quanto a questões sobre a vida e o trabalho. Pouco a pouco, os ensinamentos religiosos dão novo sentido ao sofrimento oriundo do trabalho, transformando-o em conformismo e em motivo de orgulho e sacrifício. Ocorre uma reavaliação da concepção cristã de trabalho, ao ser legitimado o princípio da obtenção do lucro, conforme analisou Weber (1967), que mostra a relação entre realidades em transformação: a religião protestante e o desenvolvimento capitalista.

O processo de valorização do trabalho foi lento e precedeu o sistema de fábrica, com o trabalho assalariado em indústrias. Nos séculos XVIII e XIX, o trabalhador assalariado nada tinha para trocar, exceto a sua força de trabalho por salário. As pessoas só aceitavam a condição de assalariado quando a sua situação se degradava: o artesão arruinado, o agricultor expulso do campo, os pobres sem posses. Até essa época, o trabalho assalariado era uma atividade reservada aos destituídos; uma obrigação, uma necessidade a qual recorriam para não morrer de fome.

O século XX pode ser considerado o século do trabalho, como afirmou a filósofa **Hannah Arendt** (2003), porque transformou a condição de assalariado. Nos anos 1960, ser assalariado tornou-se condição de cidadania – exercício da condição de cidadão protegido pelas leis de um país, expresso nas liberdades individuais, na igualdade de direitos perante a lei e no direito universal à participação na vida pública. O salário passou a ser medida da qualidade do trabalho realizado e, em decorrência, do trabalhador. Na chamada sociedade do trabalho, emerge a possibilidade de ascensão através do trabalho, permitindo mobilidade social, como quando os indivíduos galgam melhores cargos e funções. Mas isso não representou uma possibilidade para todos.

As lutas dos trabalhadores por melhores condições de vida e de trabalho, a necessidade de superação dos conflitos sociais e, também, a tentativa de enquadrar a resistência dos trabalhadores ao trabalho industrial, massificado, fizeram emergir um arcabouço jurídico de garantias de direitos sociais, como o Direito do Trabalho. Esse não foi um processo homogêneo, nem aconteceu do mesmo modo e com o mesmo vigor nos diversos países, porém foi fundamental para dar ao trabalhador outro estatuto social. No século XX, mediante o trabalho, os homens exercem a sua cidadania.

> O Direito do Trabalho surgiu, no Brasil, tardiamente, na primeira metade do século XX, dada a escravidão que perdurou até 1888 e às condições políticas e econômicas – marcadas pela violência com que os trabalhadores livres eram reprimidos. Durante a chamada República Velha (1889-1930), os trabalhadores brasileiros realizaram poucas conquistas. As questões sociais eram tratadas como "caso de polícia". Depois de grandes mobilizações e com as greves no período de 1917 e 1919, em vista do alto custo de vida e pela redução da jornada de trabalho, algumas poucas leis foram criadas, mas permaneceram no papel. No governo de Getúlio Vargas (1930-1945), foram criados desde o Ministério do Trabalho até a carteira de trabalho, que se constituiu passaporte para direitos como a jornada de oito horas, férias, salário mínimo, culminando na Consolidação das Leis do Trabalho (CLT), em 1943.

O entendimento de que o trabalhador é mais frágil em relação ao empregador possibilitou a criação de um conjunto de normas e leis visando reduzir essa disparidade de poder. A CLT assegurou os direitos e deveres entre trabalhadores e empregadores, enquanto a Constituição de 1988 reafirmou o trabalho como um direito social, reconhecendo que o acesso ao trabalho permite a subsistência humana. O trabalho constitui-se um direito, no sentido de que os governantes e a sociedade devem assegurá-lo aos que o desejam e, quando isso não é possível, devem garantir os meios básicos para a sobrevivência dos indivíduos, como é a ideia de criação de uma renda mínima. *Renda mínima* é uma renda garantida pelo Estado, para famílias ou domicílios, cujos beneficiários estejam disponíveis para o trabalho. Substitui a rede de proteção social e dos benefícios para desempregados, idosos e deficientes.

Países como a Suécia, a Finlândia, a Dinamarca e outros industrializados da Europa experimentaram, a partir de meados do século XX, um Estado que oferecia grande atenção à saúde, à educação e ao trabalho da sua população. Esse Estado de Bem-Estar Social (*Welfare State*) passa a ser modelo e reivindica ações de melhoria no nível de vida do cidadão como um direito político. Constituiu-se após a Segunda Guerra Mundial (1945), quando diversos países europeus adotam um conjunto de políticas sociais que assegura emprego e assistência aos cidadãos.

A ética do trabalho

"Tempo é dinheiro", "Crédito é dinheiro", "O dinheiro é de natureza prolífica e procriativa", "O bom pagador é dono da bolsa alheia", "Quem não trabalha não deve comer" são expressões que contribuem para consolidar e legitimar a ética do trabalho e a consequente acumulação. Weber (1967) identificou, na ética protestante, a fundamentação da ideia de vocação e de exaltação ao trabalho como fator para a "maior glória de Deus". Os trabalhadores encontravam-se incentivados ao trabalho árduo e industrioso para serem merecedores da "salvação". Com o seu espírito ascético e de objeção moral ao descanso e à preguiça, a religião colocou à disposição do capital trabalhadores sóbrios e afinados ao trabalho.

Ganhar dinheiro expressava a virtude e a eficiência de uma vocação para o trabalho e a ideia de dever profissional se desenvolve na cultura capitalista do Ocidente. O trabalho deveria ser executado como uma vocação e um fim em si mesmo e o trabalhador viver, dignamente e acumular sem ostentação, recebendo o reconhecimento social. O trabalho seria necessário para o sustento individual e coletivo.

> A exaltação do trabalho contribuiu para o desenvolvimento do capitalismo.

O processo de construção de uma ética do trabalho legitimou o trabalho enquanto atividade que dignifica o homem e, em decorrência, valorizou os frutos deste, entre eles, o dinheiro, estimulando a poupança, a acumulação e o investimento, condições para o capitalismo se desenvolver. Essa ética constitui um conjunto de valores e princípios disseminado pelo tecido social, que reforça o trabalho como uma condição da sociedade. Em casos extremados, essa ética tem produzido uma compulsão pelo trabalho em busca de dinheiro, um elevado consumo com consequências em todos os níveis da vida. Mas qual é a origem dessa ideologia do trabalho na sociedade contemporânea?

A ética do trabalho deriva do processo que universalizou a moral internalizada pelo indivíduo e faz parte da modernização cultural que ocorreu, a partir do século XIX, em outras esferas de valor, como a ciência e a arte. Essa se tornou autônoma e o saber científico foi condicionado ao desenvolvimento do processo produtivo, analisa Dupas (2001). O avanço da técnica e da tecnologia não significa que todos os trabalhadores tenham aderido a qualquer tipo de trabalho. A história da indústria de automóveis de Henry Ford, nos Estados Unidos, no início do século XX, é um exemplo da resistência dos trabalhadores, que se recusavam ao trabalho repetitivo, monótono, com reduzidos salários e longas jornadas. Também, a constituição de direitos para os trabalhadores, embora tenha sido fundamental, não implicou o fim das desigualdades e das diferenciações sociais. Prevalece a divisão do trabalho, analisada pela Sociologia.

A divisão do trabalho na Sociologia clássica

A solidariedade social mantém a integração da sociedade, segundo Durkheim (1973), conseguida pela industrialização e pela urbanização, com as sociedades que se tornam complexas. O crescimento da indústria e das cidades amplia a divisão e a especialização do trabalho.

Nas sociedades industriais, a solidariedade não desaparece, porém se modifica. Deixa de ser mecânica para ser uma solidariedade orgânica, funcional. A especialização das tarefas e a consequente e crescente diferenciação social resulta numa solidariedade de novo tipo, em que os indivíduos não mais produzem a maior parte do que precisam para viver; tornam-se dependentes uns dos outros. Essa dependência mútua substitui as crenças e os valores que prevaleciam nas sociedades tradicionais.

Na sociedade industrial, os indivíduos tomam consciência dessa dependência, desenvolvendo uma noção de direitos e deveres e também da importância que têm para a sociedade no exercício de suas funções. A divisão do trabalho social é funcional, nas sociedades complexas, ao produzir regras de solidariedade, e, nesse sentido, o trabalho contribui para a coesão social.

Enquanto Durkheim analisa a divisão do "trabalho social" como positiva para a ordem social, Marx (1975) a critica: o trabalho na sociedade capitalista é o responsável pela riqueza social produzida coletivamente, cuja apropriação é individual, resultando em concentração do poder e da riqueza. A "divisão social" do trabalho, para Marx, torna o trabalhador parcial, pois, em vista da fragmentação do trabalho no processo de produção, o homem é reduzido a uma peça da máquina, utilizando apenas uma parte de suas faculdades de criação. Qual é o papel da divisão do trabalho? Marx (1975) responde que se trata de um método para produzir mais-valia – segredo da acumulação –, expandir os lucros do capitalista e reduzir os custos da mão de obra.

A mais-valia consiste numa das formas de concretização da alienação no capitalismo, como se os produtos do trabalho humano tivessem vida própria e se tornassem independentes do seu produtor. O trabalhador, alheio aos resultados da própria atividade, não se reconhece no produto do seu trabalho, nem consegue perceber o conjunto do processo de produção, distancia-se da condição de semelhança à de outros trabalhadores e não se identifica como ser da espécie. O sentido desse processo de alienação social, na obra de Marx, está ligado às relações de produção no sistema capitalista que, sendo de natureza privada – relações entre os proprietários dos meios de produção –, leva à expropriação do trabalhador. Manifestação empírica desse fenômeno é a exclusão dos trabalhadores das decisões em função da divisão do trabalho.

A mais-valia ou o sobrevalor produzido (um valor a mais produzido) é a diferença entre o trabalho necessário à reprodução da vida – aquilo que é pago ao trabalhador – e o trabalho não pago que ele realiza, completando a jornada. É justamente esse trabalho excedente que é apropriado pelo capitalista. Marx distingue duas formas de mais-valia: a absoluta e a relativa.

> A mais-valia absoluta corresponde à extensão da jornada de trabalho, enquanto a mais-valia relativa resulta da intensificação da produtividade por meio da tecnologia, da organização e da divisão social do trabalho.

Como o capitalista pode se apropriar da mais-valia? Antes de a produção industrial incorporar ao processo de trabalho as máquinas e as novas fontes de energia, houve uma lenta constituição do sistema de fábrica – uma nova forma de organizar o trabalho e a produção, que implicou o controle do tempo, a concentração dos trabalhadores em determinado local e a subordinação deles ao capital, via salário.

Essa racionalização do processo de trabalho, que se caracterizou por divisão do trabalho – hierarquização e separação entre a concepção e a execução das tarefas –, e a concentração de poder nas mãos dos capitalistas trouxeram inúmeras consequências sociais. O parcelar e especializar as tarefas, o dividir o trabalho intelectual e o manual, o monopólio da ciência e a centralização de poderes, cumpriram o papel de obter uma produção eficaz e de perpetuar o capital.

Como vimos, Durkheim e Marx apresentam análises antagônicas sobre o papel do trabalho e da sua divisão na sociedade capitalista; e Weber, também um clássico da Sociologia, analisou o sentido ético do trabalho, ao chamar de "espírito do capitalismo" a predisposição racional para a acumulação de riquezas. Nas sociedades capitalistas, a acumulação refere-se à concentração dos meios de produção e do capital – máquinas, equipamentos, recursos materiais e financeiros – nas mãos de frações da classe dominante, seja industrial, financeira, comercial.

Dividido, alienado, o trabalho na sociedade capitalista caracterizou-se basicamente como trabalho assalariado, incorporado à mercadoria na forma de valor, justo por acrescentar, transformar, produzir os bens com o auxílio do desenvolvimento das forças produtivas, como a ciência e a tecnologia. Estas cresceram e mudaram muito as exigências da produção material e o perfil do trabalhador típico das fases anteriores do capitalismo – monopolista, oligopolista, até o financeiro, no século XX.

As condições de trabalho na era fordista

Foi no contexto da crise econômica das primeiras décadas do século XX que se constituiu o regime de produção de massa fordista. Naquele cenário, a solução para o caos social e econômico foi a progressiva intervenção do Estado na economia, a garantia de proteção aos trabalhadores, ainda que não de maneira homogênea. Essa época – período compreendido entre o fim da Segunda Guerra Mundial e metade da década de 1970 –, devido às características de crescimento econômico, em diversos setores, e a uma relativa prosperidade do comércio mundial, principalmente nos países desenvolvidos, ficou conhecida como a "era de ouro" ou "anos gloriosos" do capitalismo.

Nos países industrializados, desenvolveu-se o regime fordista de organização social e da produção. A produção cresceu e com ela cresceu o consumo. O século XX foi o século da produção em massa, quando a indústria automobilística introduz uma série de inovações técnicas visando o aumento da produção e o barateamento do produto. Dentre as inovações está a redução do número de modelos de um produto oferecido aos consumidores, diminuindo-se os custos de produção.

Em 1923, a Ford Motor Company produziu dois milhões de veículos, nos Estados Unidos. Fundada por **Henry Ford**, em 1903, com um limitado investimento, a empresa obteve um faturamento de trezentos milhões de dólares, no ano de 1916, segundo Beynon (1995), graças à linha de montagem estabelecida e à adoção de inovações tecnológicas. O empresário assimilou novos métodos de produção, aperfeiçoando-os, pois o automóvel somente seria o transporte do futuro se fosse rápido, barato e prático. Impunha-se reduzir o seu preço de custo, aumentar as vendas e melhorar o produto. Para isso, impôs o princípio da redução permanente dos custos unitários mediante a padronização e simplificação dos elementos de produção, a montagem precisa, a introdução da esteira rolante e do cronômetro no processo de trabalho.

Ford adotou a produção de um único modelo – o Modelo T –, processo denominado estandardização, e apostou na especialização dos trabalhadores. O trabalhador deveria realizar sua atividade com a postura ereta, pois o corpo curvado resultaria em menor eficiência. Os princípios da administração científica da produção, definidos por **Frederick Taylor**, foram encampados por Ford, estabelecendo a divisão do trabalho em tarefas fixas realizadas em um tempo cronometrado e eliminando os movimentos desnecessários dos operários.

> O taylorismo se constitui num sistema de organização que possibilita o controle e a mecanização do processo de trabalho.

As novas técnicas adotadas na produção de veículos e, posteriormente, em outras atividades, como a moderna indústria de refeições rápidas (*fast-food*), provocaram um aumento extraordinário da produção – a produção em massa. Subordinaram, porém, o trabalhador à máquina e ao ritmo intenso, tornando o trabalho repetitivo e reduzindo a interferência da capacidade criativa, o que justifica a forte resistência dos trabalhadores a esse tipo de trabalho.

Os trabalhadores no sistema da indústria fordista não tinham seus direitos reconhecidos. As jornadas eram longas, as oficinas eram dirigidas de modo arbitrário pelos chefes, os acidentes eram fatais e cotidianos, além do trabalho monótono e os baixos salários, que mantinham os trabalhadores em situação de grande pobreza. Essas condições de trabalho explicam o absenteísmo (as ausências) e a alta rotatividade do trabalhador. As empresas preocupam-se com as faltas, pois tendem a alterar os níveis de produção, daí o processo de disciplinamento do trabalhador, submetendo-o às condições de trabalho e ao ordenamento do tempo.

Para ilustrar o fenômeno da rotatividade – tempo relativamente curto de permanência do trabalhador na mesma empresa, dada a facilidade com que os contratos de trabalho são rompidos –, Beynon (1995) descreve que, em 1913, a Companhia Ford precisava de 13 a 14 mil empregados para fazer funcionar suas oficinas e, no entanto, só naquele ano saíram mais de 50 mil. Para mantê-los em suas fábricas, uma vez que a rotatividade era intensa, Ford implantou, em 1914, o dia de oito horas e cinco dólares, isto é, aumentou o salário e reduziu a jornada de trabalho. Conseguiu fixar os trabalhadores no posto de trabalho com expressivos aumentos de produtividade – basicamente, produzir mais com menor número de trabalhadores –, além de estimular o consumo.

Esse programa era destinado somente aos trabalhadores considerados merecedores: assíduos, maiores de 21 anos, do sexo masculino, com mais de seis meses na empresa, que não bebessem, não fumassem e não se envolvessem com sindicato. Por isso, o fordismo não representava somente uma maneira de produzir, implicava também mudanças no comportamento, quase uma filosofia de vida. Como na epígrafe do início deste capítulo, o trabalho "mecaniza" e "adapta" o trabalhador. O trabalhador fordista, caricaturado por Charles Chaplin no filme *Tempos modernos* (1936), é um exemplo das consequências da transformação social iniciada pela indústria automobilística. Essa padronização atinge a atitude produtiva e a própria vida das pessoas, impondo um novo modo de viver, de pensar e sentir – tecnológico e massificado.

> O fordismo é um conjunto de princípios aplicados à organização do trabalho da indústria automobilística, no início do século XX, sendo estendido a outras dimensões da vida. Envolve uma forma de produzir e também de conceber o trabalho.

A produção em massa difunde-se em inúmeros setores, fundamentada em princípios tayloristas-fordistas, como a disciplinarização e o controle do trabalhador, a rigidez na produção, as tarefas fixas e mecânicas, a hierarquização de cargos e salários. O resultado econômico é o crescimento da produção e um abalo nos níveis da acumulação.

A crise de superprodução que assolou a economia norte-americana na década de 1930 provocou elevados índices de desemprego e grande insegurança no trabalho. Os que não estavam desempregados tinham um trabalho intermitente, ora durante uma semana, ora alguns dias, e não havia garantia de um salário ao final do mês. Ao atingir os trabalhadores e gerar insatisfação generalizada, a crise ameaçava o próprio capitalismo.

As indústrias não conseguiam vender sua produção, provocando um ciclo de demissões e falências nos diversos ramos da economia.

Essa situação de caos econômico e social levou o governo **Roosevelt** (EUA) a abandonar o liberalismo econômico – não-intervencionismo do Estado na economia – e a adotar práticas intervencionistas apoiadas nos fundamentos do economista **John Keynes** (1883-1946). Segundo o keynesianismo, em épocas de crises, recorrentes no capitalismo, o Estado deve fomentar o desenvolvimento econômico, garantir o emprego e fortalecer o sistema como um todo, não descurando dos setores produtivos industrial, de infraestrutura e energético dos países.

Foi no palco da Grande Depressão americana, nos anos 1930, que a crise atingiu as economias capitalistas do mundo – que, em conjunto, o Estado, os sindicatos e as empresas estabeleceram uma espécie de pacto visando superar a crise, denominado compromisso fordista. Com a intermediação e a regulação do Estado, sindicatos e empresas negociaram segurança, direitos, liberdade de organização e aumentos de salários para os trabalhadores, em troca do cumprimento de metas de produção e de aumento da produtividade. A produtividade é obtida quando a mesma quantidade de trabalho fornece no mesmo tempo uma quantidade maior ou menor de produto, dependendo do grau de desenvolvimento das condições de produção.

> Grande Depressão – Crise de 1929
>
> Em 24 de outubro de 1929, na chamada "quinta-feira negra", ocorreu a quebra da Bolsa de Valores de Nova Iorque, marco de uma crise que prevaleceu na década de 1930, traduzida em superprodução, falências generalizadas e desemprego em massa. As medidas tomadas pelo governo nos Estados Unidos, como a suspensão dos empréstimos externos e a elevação das tarifas

alfandegárias, levaram ao agravamento e à propagação da crise econômica, agrícola, financeira e industrial.

Nesse cenário de crise e ameaças aos trabalhadores, mas também de tendências ao crescimento de partidos socialistas e comunistas em diversas partes do mundo, os trabalhadores alcançaram um relativo sistema de segurança e de proteção no trabalho.

O sistema fordista não foi unanimidade. Enquanto em países europeus, por exemplo, ele só se consolidou a partir dos anos 1950, dada a resistência dos trabalhadores a um trabalho alienante, repetitivo e massificado. Na América Latina e, particularmente no Brasil, o fordismo estabeleceu-se apenas em alguns setores e, ainda assim, sem efetivos ganhos salariais e proteções conquistados por trabalhadores europeus e norte-americanos.

Nem todos os trabalhadores no mundo ocidental obtiveram ganhos salariais e as mesmas condições de trabalho. Estas se caracterizam pelas condições sociais – relações de trabalho e as relações de convivência no trabalho; mas também pelas condições materiais (local, ambiente etc.), físicas (temperatura, barulho, vibração, irradiação etc.), químicas (vapores, gases tóxicos, poeiras, fumaças etc.), ambiente biológico (bactérias, fungos etc.), condições de higiene, segurança e características antropométricas do posto de trabalho.

Apesar das condições desiguais para o trabalho no mundo, o sistema fordista perdurou até a década de 1970, quando uma forte crise econômica, acompanhada de recessão, alastrou-se pelo conjunto dos países. Esse sistema passou por transformações, especialmente na maneira de produzir e na organização do trabalho, motivadas pela busca das empresas por padrões de produção flexíveis, inaugurando uma fase denominada de acumulação flexível, por Harvey (1993).

Nas últimas quatro décadas, a acumulação flexível, concentrada na flexibilização dos processos de trabalho, dos produtos, dos padrões de consumo e dos mercados de trabalho, provocou e deu resposta a novos setores de produção e de mercados, além da intensificação dos serviços financeiros e da inovação comercial, tecnológica e organizacional. De crise em crise, o capitalismo se transforma.

Crise e relações de trabalho

Do ponto de vista sociológico, descobrir as razões das crises é muito importante para a compreensão dos fenômenos sociais. Vejamos o que aconteceu, a partir dos anos 1970, quando uma nova crise econômica de grandes proporções acontece, provocando uma retração que abalou os países capitalistas. A elevação dos preços do petróleo pelos países produtores ampliou a crise. Os Estados Unidos têm hegemonia econômica e política e a economia mundial depende do mercado norte-americano, ou seja, detêm o domínio; por isso, o conceito de hegemonia se aplica à supremacia de uma nação, de uma classe social sobre outra, de uma cultura, e envolve, em certa medida, a aceitação daquele que ocupa posição dominante.

A crise se iniciou no plano econômico, mas atingiu rapidamente diversas esferas da sociedade: o trabalho, a cultura, a política. A redução da demanda de produtos dos diversos setores levou as empresas a adotarem drásticas medidas, visando reduzir os custos de produção, adaptando-se a um mercado instável. Mas o que é crise na realidade social? Dizemos que há uma crise quando ocorre uma transição e as mudanças sociais em processo ainda não ganharam uma definição real e conceitual. Algumas crises são passageiras, conjunturais, outras não.

Com a diminuição do consumo, as empresas iniciaram um processo de enxugamento da força de trabalho, resultando em ampliação das taxas de desemprego. A partir da década de 1970, portanto, ocorrem novas mudanças na maneira de produzir e organizar o trabalho, com implicações nas esferas políticas, sociais e econômicas. Observemos, no Quadro 2, as semelhanças entre duas crises econômicas: a de fins do século XIX, com a expansão física do capitalismo na Europa, e a crise da segunda metade do século XX, com o esgotamento do sistema de produção fordista. Em ambas, as novas tecnologias impulsionaram os padrões de produção com alterações no trabalho, que resultaram em intensificação da produção e dos ritmos do trabalho. O objetivo de tais mudanças é o aumento da rentabilidade das empresas.

Quadro 2 – Paralelo entre as crises: fim do século XIX e século XX

Século XIX: 1880/1890	Século XX: a partir de 1970
- Segunda Revolução Industrial: novas fontes de energia: eletricidade e petróleo; novas tecnologias (inovações nos meios de transporte, de comunicação).	- Terceira Revolução Tecnológica: inovações técnicas: microeletrônica, robótica (meios de comunicação – internet, telefonia).
- Mudanças no trabalho: inovações técnicas e de gestão no início do século XX: estandardização, taylorismo-fordismo.	- Mudanças no trabalho: inovações na gestão do trabalho e da produção como o toyotismo, *kanban*, *kaizen* etc.
- Resultados: intensificação da produção e do ritmo de trabalho.	- Resultados: intensificação do ritmo de trabalho e da produção.
- As finanças deixaram de ser auxiliares da atividade das empresas e do financiamento, passando a ter papel central como capital-propriedade.	- Insuficiência das políticas keynesianas diante da crise estrutural: restabelecimento da hegemonia das finanças por meio do monetarismo e de práticas neoliberais.
- Papel da Bolsa de Valores: créditos direcionados prioritariamente aos investimentos em ações.	- O capital circula intensamente pelo mundo, favorecido pelo neoliberalismo.

- Ampliação de mercados pela exploração econômica dos continentes asiático e africano.	- Ampliação de mercados, através da eliminação de barreiras comerciais e financeiras; privatizações de empresas estatais.
- Divisão internacional do trabalho entre países desenvolvidos e não desenvolvidos.	- Na economia global, divisão na organização da produção e dos mercados.

Fonte: DUMÉNIL e LEVY, 2003; BRIDI, 2005, p. 25. Adaptação das autoras.

A predominância do trabalho assalariado no século XX – leia-se: da subordinação direta do trabalho ao capital – vem se transformando e mostra feições perversas, quando formas de intercâmbio não salarial levam o trabalhador a assumir os riscos do capital. Diante dos laços trabalhistas que são flexibilizados, a questão social passa por uma metamorfose, afirma **Robert Castel** (1998). Já não se sustenta a sociedade salarial desenhada pelo fordismo prevalecente na Europa e nos Estados Unidos, e sobram trabalhadores em processo de quase exclusão da condição salarial. Que dizer dessa situação num país como o Brasil, que não constituiu plena e historicamente uma sociedade salarial?

Até o final da década de 1980, predominava, no Brasil, a organização da produção taylorista-fordista – sistema hierarquizado, especializado, que separa os processos de concepção e de execução do trabalho. Nesse contexto, valorizava-se o trabalho qualificado, a formação para o trabalho e os especialistas; os trabalhadores eram incentivados a se qualificar e os empresários investiam nessa área, eventualmente.

As relações de trabalho – aparato jurídico-institucional que suporta os contratos de trabalho e emprego – contêm tensões e resistências, podendo ou não ser reguladas pelo Estado; devem, no entanto, garantir que os vínculos entre empregadores e empregados não fiquem apenas à mercê das flutuações do mercado de trabalho.

No Brasil, seguindo a força das políticas neoliberais, as relações de trabalho vêm sendo desregulamentadas desde a década de 1990.

Um conjunto de medidas com vistas à abertura de mercados, às privatizações, à desregulamentação dos mercados de bens e do trabalho enquadra-se entre as políticas animadas pelo neoliberalismo econômico; todas visam a redução da intervenção do Estado na economia e nas relações de trabalho. Garcia (1998) adverte quanto à desarmonia gerada pela flexibilização generalizada entre os dois âmbitos da realidade – o econômico e o social – com consequências importantes para as relações entre o capital e o trabalho.

A nova divisão internacional do trabalho

Para controlar e acelerar o processo de acumulação, prejudicado pela decadência do sistema fordista de produção industrial, nas décadas de 1960-1970, a saída capitalista foi promover a reestruturação produtiva em todas as atividades, inclusive nos serviços, introduzindo tecnologia avançada. Essa foi possível graças à chamada revolução informacional, na qual a informação – mediada pelas novas tecnologias da informação, no desenvolvimento do computador, da informática, da internet – torna-se o próprio produto do processo produtivo. A reestruturação produtiva também lançou mão de inovações organizacionais na gestão do trabalho, buscando formas participativas e de envolvimento do trabalhador com a empresa.

A nova divisão internacional do trabalho advém desse período reativo na economia mundial. Difere daquela divisão entre os países, que predominou nos tempos do colonialismo (séculos XVIII e XIX) e do *neocolonialismo*, em fins do século XIX e início do século XX, quando os países da África, Ásia e América Latina eram exportadores de matérias-primas e consumidores de produtos industrializados da Europa e dos Estados Unidos.

A partir dos anos 1970, essa clássica divisão internacional do trabalho começa a se modificar. Houve aceleração do processo de internacionalização da economia ou globalização, nas últimas décadas do século XX, possibilitada pelas novas tecnologias de informação, além do encolhimento dos Estados nacionais. Com esse fenômeno político-social da globalização, grandes empresas concentradas nos países desenvolvidos espalham sua produção para a América Latina, a África e a Ásia, e, mais tarde, com a queda do muro de Berlim, em 1989, e com a dissolução da URSS (União das Repúblicas Socialistas Soviéticas), também para o Leste Europeu. Pergunta-se: não existe mais uma divisão internacional do trabalho?

Os dados apresentados, no destaque a seguir, reforçam a existência da divisão internacional do trabalho, isto é, o papel que cada país desempenha na economia global.

> **Nas últimas três décadas do século XX:**
> - 500 mil cientistas deixaram a Ásia, a África e a América Latina em direção ao norte desenvolvido.
> - Dos 11 mil cientistas incorporados anualmente ao mercado de trabalho norte-americano, 5 mil eram do exterior.
> - Em 1990, dos mais de 5 milhões de cientistas e engenheiros trabalhando em atividades de pesquisa no mundo, apenas 800 mil o faziam fora dos países industrializados, sendo que na América Latina o seu número chegava a 160 mil.
> - A América Latina é responsável por 1% de toda a produção científica do planeta.
>
> (Excertos de Dreifuss, 1996)

Se a América Latina só detém 1% de toda a produção científica do mundo, significa que continua subordinada, detendo o papel agora não somente de produtora de matéria-prima e produtos industrializados, mas também de consumidora de produtos que envolvem alta tecnologia e conhecimento. Os países desenvolvidos continuam a exercer um efetivo controle e domínio não só econômico, como político e cultural sobre o restante do planeta. As considerações a seguir sobre a concentração das empresas mostram que prevalece a divisão internacional do trabalho, embora com outra forma.

> **Concentração do poder empresarial:**
> - No início dos anos 1990, um terço das 500 empresas, que vinte anos antes estavam na lista da *Fortune*, haviam desaparecido, tendo sido compradas por outras;
> - Em 1995, outras 40% passaram por fusões;
> - Há vinte anos, 65 empresas de química agrícola competiam no mercado mundial. Atualmente, 9 companhias no mundo detêm cerca de 90% das vendas de pesticidas.
>
> **Ao começar o novo milênio:**
> - Das 200 principais empresas do mundo, 28% dominam a atividade econômica global.
> - As 500 maiores empresas detêm 70% do comércio mundial; e são de apenas 7 países.
> - As 1.000 maiores empresas controlam mais de 80% da produção industrial do mundo.
>
> (Excertos de Mooney, 2002)

Mudanças tecnológicas e organizacionais introduzidas nas empresas são perceptíveis na economia brasileira, a partir da última década do século XX. Produzimos bens industrializados e exportamos parte desses produtos, porém sabemos que a pesquisa e o desenvolvimento (P&D) continuam concentrados nos países centrais, assim como a produção de tecnologia de ponta, aquela mais avançada e presente principalmente nas indústrias que se valem do conhecimento da Química, da Física, da Biologia e das Comunicações. Por isso, podemos afirmar a existência de uma nova divisão internacional do trabalho e de diferenças entre as regiões do mundo.

Os automóveis que circulam em sua multiplicidade de marcas e modelos são a expressão objetiva do fenômeno da divisão internacional do trabalho. Novos veículos são fabricados aqui no Brasil desde fins dos anos 1990, em empresas moderníssimas, de capital estrangeiro, que competem num mercado concorrencial e disperso por países como o México, a Argentina e os países do Leste Europeu. São montadoras de veículos, porque a pesquisa e o desenvolvimento do produto continuam nos países industrializados, origem das corporações que os fabricam.

A dinâmica capitalista contemporânea, com forte acento no capital financeiro, tem imposto diferenças na participação dos países na economia mundial. Chesnais (1996) caracteriza esse quadro político e institucional de funcionamento do capitalismo como de mundialização do capital. Desde os anos 1980 o capital financeiro, internacional e internacionalizado, tem marcado o capitalismo, em decorrência das políticas de liberalização e de desregulamentação das forças de trabalho e das finanças, adotadas principalmente pelos governos dos países industriais. Novos países industrializados ganham importância como centros de acumulação e outros são considerados emergentes, como o Brasil, por se inserirem na lógica de mundialização do capital, neste início de milênio. É grande o contraste entre os países.

> Nessa dinâmica, prevalecem assimetrias na distribuição do poder econômico. Para ilustrar: os Estados Unidos produzem 30% do PIB (Produto Interno Bruto) mundial, enquanto o Japão e a União Europeia, incluindo, entre outros países, a Alemanha, a Itália, o Reino Unido, a França, somam 32% do PIB mundial. Os 6 maiores países representam sozinhos 62% do PIB, restando para os demais países, isto é, 204 nações, os restantes 38% (Dupas, 2005).

A inter-relação dos fenômenos é uma forma sociológica de apreensão da realidade e, por isso, podemos atrelar a reestruturação produtiva e a nova divisão internacional do trabalho ao neoliberalismo. No Brasil, as políticas governamentais adotadas nos anos 1990 corresponderam ao teor ideológico das forças neoliberais identificadas, sobretudo, com a redução da atividade econômica do Estado, com a privatização de empresas estatais, a abertura comercial, a desregulamentação financeira e do mercado de trabalho.

A nova lógica organizacional, na expressão de Castells (1999), intera-se com o paradigma tecnológico de produção flexível e manifesta-se em diversos contextos institucionais. As consequências da reconversão produtiva não são apenas econômicas, mas também sociais e culturais, para citar algumas: a redução dos níveis hierárquicos (diminuindo o número de chefes nas empresas); aumento da subcontratação de trabalhadores (terceirização; quarteirização); enxugamento do contingente de trabalhadores diretos; flexibilização das relações de trabalho.

> **A nova divisão internacional do trabalho** tem como características:
> - novos princípios de localização do grande capital; as empresas transnacionais investem em outras localidades do mundo além do seu país de origem;

- implantação de novas unidades, fabris ou não, com vistas a economizar os custos de produção, principalmente o trabalho;
- diversificação dos investimentos corporativos para garantir maior rentabilidade;
- uma rede de empresas com relações ágeis e flexíveis entre diferentes mercados setoriais de produtos na produção e no comércio;
- inovações tecnológicas nas empresas objetivam a qualidade total;
- inovações organizacionais na gestão da mão de obra, com programas de maior envolvimento e participação do trabalhador;
- segmentação dos mercados de trabalho, com novas exigências para a qualificação e contratação dos trabalhadores;
- desmobilização dos trabalhadores sobre os seus interesses e sem interlocução acerca do sistema produtivo.

As políticas neoliberais têm recriado formas de trabalho que nos desconcertam. O trabalho escravo é uma delas; abolido na Idade Média, foi recriado no século XVI, a fim de viabilizar a produção da cana-de-açúcar nas Américas. Trabalho escravo é aquele com ínfima ou sem remuneração, desprotegido pela lei e que exige do trabalhador um esforço desproporcional à sua condição humana. Neste início de século, têm sido frequentes as denúncias de trabalho escravo, no Brasil, quando trabalhadores são flagrados morrendo de fadiga por colherem cerca de dez toneladas de cana por dia para obter um baixo ganho. Como explicar um contexto de regressão no país? Certamente, pela nova divisão do trabalho entre zonas centrais e periféricas do capitalismo, a redução da capacidade de mobilização da classe trabalhadora e a adoção de expedientes para manter o processo de acumulação.

Diante das mudanças que atingiram sobretudo o trabalho e o trabalhador, vejamos a posição da Organização Internacional do

Trabalho (OIT), instituição que atua mundialmente nas questões relativas ao assunto. A partir de um balanço sobre as consequências sociais das transformações nas relações industriais, no papel do Estado e no âmbito do trabalho, nas três últimas décadas, a OIT adotou uma agenda visando um "trabalho decente" no mundo. Pois desemprego não ocorre somente em países pobres ou emergentes.

> "Um em cada três empregados nos Estados Unidos da América está há menos de um ano no seu emprego e empresa atuais. Dois em cada três [trabalhadores] estão há menos de cinco anos na ocupação que têm hoje. Vinte anos atrás, 80% dos empregos na Grã-Bretanha eram – em princípio, senão de fato – do tipo '40/40, isto é, 40 horas de trabalho por semana durante 40 anos', gozando da proteção de uma rede de direitos sindicais, previdenciários e salariais. Hoje, não mais de 30% dos empregos estão nessa categoria e a proporção continua a diminuir velozmente" (Bauman, 2000, p. 26).

A situação da falta de emprego – o trabalho remunerado – está relacionada às políticas de flexibilização dos direitos do trabalho. Governos de diversos países promoveram mudanças nas leis, visando adaptar o trabalhador a uma produção flexível de acordo com a demanda, pois o mercado e a competição global passaram a definir os parâmetros do trabalho.

Para a OIT, a crescente liberdade do capital na economia global levou à desestabilização das estruturas de salários, à consequente redução destes em muitos países e a situações de maior vulnerabilidade dos trabalhadores. O trabalho informal – trabalhadores sem contrato – cresceu, o que equivale a dizer que os empregos hoje estão mais precários do que em outros tempos. Esses fenômenos aumentaram a pobreza, como atesta a OIT: metade das pessoas ocupadas no mundo vive com menos de dois dólares por dia. A crise do emprego é, portanto, obstáculo para a redução da pobreza no mundo, sendo responsável pela crise social.

> O paradoxo do trabalho – tê-lo ou não tê-lo, ser fonte de realização humana ou não – revela que o trabalho não depende só do indivíduo, é um fenômeno social.

A reestruturação produtiva, o crescimento da economia e o investimento passam a ser acompanhados de crises, em diferentes países; e crises econômicas têm o desemprego e o subemprego como principais sintomas e fenômenos de massa. Para contrapor-se a esse cenário foi que a OIT formalizou o conceito de "trabalho decente", em 1999 – aquele trabalho produtivo que possa garantir proteção ao trabalhador; uma remuneração adequada; a igualdade entre homens e mulheres, sem que haja discriminação; que seja livre de quaisquer formas de coerção à liberdade humana; possibilite a organização e a participação nas decisões que afetam a vida dos trabalhadores e a liberdade de expressão. Os governos, que se comprometem com a agenda pregada pela OIT, assinam uma carta de intenções e de propostas políticas para gerar trabalho decente como forma de combater a pobreza e as desigualdades sociais. Essa proposição pode atenuar as consequências sociais advindas das mutações ocorridas no mundo do trabalho, nas últimas décadas do século XX, que foram muitas: além da diminuição da estabilidade no trabalho, do crescimento da precarização do trabalho, elevou-se o desemprego.

Para reter o conhecimento

1) O sentido que o trabalho tem na realidade atual é o mesmo de outras épocas da história? Justifique.

2) O que significa dizer que "mediante o trabalho os homens exercem sua cidadania"?

3) Qual a relação que Weber estabelece entre a ética religiosa calvinista e o desenvolvimento do capitalismo?

4) Compare a noção de divisão de trabalho em Marx e em Durkheim.

5) Quais as características do sistema de produção fordista?

6) Condições de trabalho são importantes no processo de valorização do trabalhador?

7) Por que a crise dos anos 1970 atingiu vários países?

8) Qual é o papel do Brasil na nova divisão internacional do trabalho?

9) O que é considerado "trabalho decente" para a OIT e qual é a crise que ele poderá combater?

A realidade clama à ciência

Leitura 1: Brecht, 1986.

Perguntas de um trabalhador que lê
                                    Bertold Brecht (1898-1956)

Quem construiu a Tebas de sete portas?
Nos livros estão os nomes dos reis.
Arrastaram eles os blocos de pedras?

E a Babilônia várias vezes destruída –
quem a reconstruiu tantas vezes? Em que casas
da Lima dourada moravam os construtores?
Para onde foram os pedreiros, na noite em que
a muralha da China ficou pronta?
A grande Roma está cheia de arcos do triunfo.
Quem os ergueu? Sobre quem triunfaram os Césares?
A decantada Bizâncio
tinha somente palácios para seus habitantes?
[...]
Cada página, uma vitória.
Quem cozinha o banquete?
A cada dez anos um grande homem.
Quem pagava a conta?
Tantas histórias.
Tantas questões.
(Brecht, 1986, p. 167)

1) Para quais vertentes de concepção do trabalho o poeta alemão chama a atenção?

2) Com base na poesia de Brecht, o que é o trabalho?

O olhar da Sociologia no mundo

Leitura 2: Sennett, 2002.

"O historiador Edward Thompson observa que no século XIX mesmo os trabalhadores menos favorecidos, com maus empregos, desempregados ou simplesmente sobrevivendo de emprego em emprego, tentavam definir-se como tecelões, metalúrgicos ou camponeses. O *status* no trabalho resulta de ser mais que apenas 'duas mãos'; os trabalhadores braçais, assim, como os criados, nas casas vitorianas, buscavam-no usando as palavras 'carreira', 'profissão' e 'arte' de uma maneira mais indiscriminada do que julgaríamos admissível. O desejo de tal *status* era igualmente forte entre empregados da classe média das novas empresas, como mostrou o historiador Olivier Zunz [...]. O desejo de *status* ou de uma carreira não é portanto nada novo. Tampouco o é o senso de que as carreiras, mais que os empregos, desenvolvem nosso caráter" (Sennett, 2002, p. 143-144).

1) O que significa a afirmação: as carreiras "desenvolvem nosso caráter"?

2) Que sentido toma o trabalho na atualidade?

Leia mais

CASTEL, Robert. *As metamorfoses da questão social*: uma crônica do salário. Petrópolis: Vozes, 1998.

> A constituição da sociedade salarial, na França, "mostra como é assegurada a proteção social ao trabalhador, e também como a desconstrução e a crise da relação salarial, nas últimas décadas do século XX, trazem a exclusão, a desfiliação ao sistema capitalista.

CATTANI, Antonio; HOLZMANN, Lorena (orgs.). *Dicionário de trabalho e tecnologia*. Porto Alegre: Ed. UFRGS, 2006.

> Esta é uma obra de referência sobre o trabalho e a tecnologia, aproximando analiticamente essas duas dimensões no que afetam atualmente a sociedade.

CARMO, Paulo. *A ideologia do trabalho*. São Paulo: Moderna, 1992.

> Aborda as mudanças que se processaram no conceito do trabalho e o significado que o trabalho adquiriu no século XX.

DECCA, Edgar de; MENEGUELLO, Cristina. *Fábricas e homens*. São Paulo: Atual, 1999.

> Apresenta aspectos da Revolução Industrial e o cotidiano dos trabalhadores na Inglaterra, envolvendo as condições de moradia, lazer e organização na época.

HARVEY, David. *A condição pós-moderna*: uma pesquisa sobre as origens da mudança cultural. São Paulo: Loyola, 1993.

> Obra fundamental para compreender a mudança do paradigma produtivo no século XX.

LEITE, Marcia de Paula. *Trabalho e sociedade em transformação, mudanças produtivas e atores sociais*. São Paulo: Perseu Abramo, 2003.

> Análise do processo de reestruturação produtiva no Brasil, a partir dos anos 1990.

SENNETT, Richard. *A corrosão do caráter*: consequências pessoais do trabalho no novo capitalismo. Rio de Janeiro: Record, 1999.

> Ao trazer a concepção de flexitempo, o autor mostra as modernas formas de trabalho e de reestruturação do tempo.

STEINBECK, John. *As vinhas da ira*. Rio de Janeiro: Record, 2001.

O confronto entre o homem e a sociedade é exposto neste manifesto pela luta dos excluídos. Dez anos após a Grande Depressão de 1929, a família Joad é expulsa dos campos de algodão pela seca e tenta trabalhar nas plantações de frutas.

Tela crítica

GERMINAL. Direção de Claude Berri, França, 1993.

O processo de trabalho e a exploração no modo de produção capitalista, na França.

TEMPOS MODERNOS. Direção de Charles Chaplin. Estados Unidos, 1936.

Este filme é um clássico do cinema, numa sátira à vida em uma sociedade industrial e consumista; o trabalhador acompanha o ritmo das máquinas.

Classes sociais e o lugar de cada um na sociedade

Síntese deste capítulo

As relações entre os indivíduos e os grupos são marcadas pela desigualdade social na história. A estrutura de classes consolida-se no capitalismo com a propriedade privada, a divisão social do trabalho e o Estado moderno. As formas de estratificação social fundamentam-se em critérios econômicos, políticos e sociais, aplicados de modo individualizado. As classes sociais são agrupamentos de indivíduos inseridos no processo de produção e partilham interesses comuns e uma identidade. O lugar social de cada um é definido pela posição econômica que o indivíduo ocupa na estrutura social e essa posição influencia estilos de vida, escolhas pessoais, gostos e ocupações. A desigualdade social sinaliza a baixa mobilidade social e expõe a concentração de riqueza nas sociedades capitalistas.

A sociedade cindida e as desigualdades sociais

Intrigante pensar-nos divididos em sociedade. Mais intrigante é nos imaginar iguais, visto que nos acostumamos às diferenças sociais, incorporando-as como naturais. Acharmos as diferenças sociais de forma naturalizada é ideologia. Movemo-nos em um universo de efeitos de ilusão, ao nos sentirmos iguais. Assim prega o discurso político consagrado pela revolução democrática francesa com a força das palavras de ordem: liberdade, igualdade e fraternidade. Se a igualdade perante a lei não é ilusão, por que estamos cercados de diferenças? Vamos procurar entender a origem da sociedade em se apresentar cindida.

A sociedade capitalista, inaugurada com a modernidade, assenta-se na propriedade privada dos meios de produção e no uso que faz deles, na medida em que os homens se apropriam da natureza, da técnica, da ciência. As justificativas para esse uso configuram o fenômeno da ideologia. Para garantir a sobrevivência social, produz-se em quantidade e isso cria riqueza, a qual se acumula e gera desproporção no modo de dividir os resultados dessa produção material. Quase todas as parcelas da população participam do enriquecimento geral, mas dele se aproveitam de forma desigual. Estamos diante da desigualdade social.

As desigualdades sociais resultam da situação de indivíduos e grupos que ficam à margem da produção e do consumo dos bens, serviços e direitos da sociedade. Elas determinam, por exemplo, o acesso ou não a boas escolas, bons hospitais, empregos privilegiados, e geram tensões, movimentos sociais e conflitos, velados ou abertos, ligados à posição na estrutura social, à raça, ao gênero, à origem étnica. Esse impedimento de acesso dificulta a conquista da cidadania civil, que se expressa minimamente nas liberdades individuais e na igualdade de direitos perante a lei.

Se as desigualdades sociais sempre existiram até onde se tem conhecimento, a consciência sobre elas, no entanto, veio no século XVIII, quando os filósofos iluministas conceberam a pobreza como resultante das ações dos homens e não como vontade de Deus. Foi o caso de **Rousseau**, para quem a origem da desigualdade entre os homens estava na propriedade privada. Em épocas anteriores, os pensadores concebiam a desigualdade tão natural quanto os fenômenos da natureza – chuva, sol, calor, terremotos. A nascente ciência da sociedade veio mostrar a existência de uma natureza social produzida no convívio entre os homens, ao explicar que as condições sociais, econômicas e políticas estão na origem das diferenças entre os indivíduos e grupos. A Sociologia contribui para desnaturalizar os fenômenos da sociedade.

> O que faz com que um fenômeno seja "social", uma política seja "social", uma concepção seja "social", é a sua vinculação direta ou indireta com o problema da desigualdade social (Demo, 1983).

A desigualdade é social e a história da humanidade tem demonstrado isso. Nesse sentido, desde a Antiguidade (4000 a.C. até 476 d.C., com a queda do Império Romano no Ocidente), os indivíduos se diferenciam pela sua condição social. Na sociedade romana, os cidadãos tinham o privilégio de participar da política e das questões públicas, enquanto aos escravos – capturados nas guerras, cidadãos arruinados por dívidas e aqueles nascidos escravos – era reservada toda sorte de trabalho, como produzir alimentos, vestuários e atender a outras necessidades, sem gozar dos mesmos direitos dos cidadãos.

Na Idade Média (século V ao XV), a nobreza e os senhores feudais – os proprietários de terras – dispunham dos servos que lhes prestavam serviços e obediência numa série de obrigações e deveres para com seus senhores. Tais condições de diferenciação social são distintas da estrutura social que se consolidou no capitalismo.

> As relações entre os indivíduos e grupos são marcadas pela desigualdade por ocuparem lugares sociais distintos, segundo critérios de diferentes épocas.

A desigualdade é, portanto, uma característica estrutural das sociedades. Uma estrutura social é justamente a manifestação de relações entre os homens, uma estrutura é o efeito das relações entre as partes. Mesmo uma moderna estrutura de uma edificação feita em concreto armado (ferro, cimento, brita, areia) é mais uma relação de sustentação entre as partes calculadas proporcionalmente em termos de vigas, lajes, pilares, do que a rigidez que aparenta. A estrutura de classes é essa relação de dependência das classes entre si, é o fundamento oculto da estrutura social no capitalismo. A estrutura de classes emerge com a propriedade privada, a divisão social do trabalho e o Estado moderno, e só neste contexto pode ser compreendida.

As múltiplas classificações da estratificação social

Cada estrutura de relações sociais que se firma em diferentes períodos históricos corresponde a um tipo de estratificação – por exemplo, castas, estamentos e classes sociais – e, dificilmente, esses tipos são encontrados em sua forma pura. A escravidão consiste em uma estrutura social na qual alguns indivíduos são propriedades de outros, como os escravos na Antiguidade, obtidos por meio de guerras, pagamento de dívidas ou por nascimento. Exemplos de escravidão têm-se nas antigas Grécia e Roma.

A casta é a estrutura social identificada essencialmente na cultura indiana e diz respeito ao tipo de contato que pode ocorrer entre os membros de diferentes *status* sociais. O pertencimento a uma casta é definido quando do nascimento do indivíduo, sendo-lhe vedada a mobilidade na estrutura social.

Os estratos aristocracia/nobreza, clero e plebeus possuíam diferentes obrigações e direitos entre si, assentados pelo estamento, uma condição de permanência na sociedade. A estrutura estamental predominou basicamente no feudalismo e declinou no século XVIII.

As classes sociais consolidam-se na sociedade moderna, a partir do século XVIII, em que a produção maciça de mercadorias repousa sobre a exploração do trabalho assalariado, pelos detentores dos meios materiais de produção. A estrutura de classes diferencia-se de outras formas de estratificação social, conceito empregado para descrever e analisar as desigualdades estruturadas entre os grupos da sociedade de modo a classificá-los.

A estratificação social é um recurso descritivo e pode ser representada graficamente por uma pirâmide, na qual os grupos mais favorecidos encontram-se no topo, enquanto na base estão os menos favorecidos. A divisão contendo oposição entre ricos e pobres, dominados e dominadores, repete-se sob outras roupagens nas diferentes sociedades. Há uma pluralidade de diferenciações, implicando hierarquia determinada. Distinguimos tipos principais de estratificação social nas estruturas: escravista, casta, estamento e de classe, conforme o Quadro 3.

Quadro 3 – Periodização clássica da história e estratificação

Antiguidade 4000 a.C. até 476 d.C.	Idade Média 476 a 1453 Século v ao xv	Idade Moderna 1453 a 1789 Século xv ao xviii	Idade Contemporânea Século xviii aos dias atuais
Escravismo Servidão coletiva	Feudalismo	Transição do feudalismo para o capitalismo Formação da sociedade de classes	Consolidação do modo de produção capitalista industrial/monopolista e financeiro
Sociedade escravista Relações sociais básicas entre cidadãos e escravos	Sociedade estamental Relações sociais básicas entre senhores e servos	Sociedade estamental Relações sociais básicas entre nobreza/burguesia e camponeses	Sociedade de classes Relações sociais fundamentais de oposição: burgueses e operários

Fonte: Aquino et al., 1980; Aquino et al., 1997. Elaboração das autoras.

Todas as sociedades podem ser estratificadas, a partir de critérios subjetivos e objetivos que se diferenciam com base no rendimento e na origem do indivíduo, na riqueza e na educação, no prestígio da ocupação e da área residencial, conforme a raça ou etnia e outros critérios secundários, segundo Stavenhagen (1974). Nesse sentido, a denominação de "classes" A, B, C, D, comumente adotada e divulgada pelos meios de comunicação, refere-se a estratos, subdivisões artificiais para apresentar o fenômeno da estratificação social.

Os critérios para a definição dos estratos são individualizados e tomam por referência a capacidade de compra dos indivíduos agrupados ou não, sua ocupação profissional, as condições de moradia, seus hábitos de consumo, níveis de sua escolaridade, entre outros. Esses critérios podem não corresponder à realidade, pois funcionam mais como modelos e nem sempre conseguem classificar adequadamente os indivíduos, como é o caso de pessoas que moram sozinhas e optam por um estilo de vida orientado pelo pouco consumo, ainda que tenham renda alta, podem ser consideradas da "classe" C ou D, quando seus rendimentos condizem com o estrato B.

As classificações presentes na mídia ou nas conversas cotidianas representam fixações sociais que dispõem os indivíduos numa escala hierárquica. A literatura sociológica de linha funcionalista toma o conceito de classes como agrupamentos discretos, hierarquizados num sistema de estratificação, mas classe e estrato são fenômenos distintos, equivocadamente tomados como sinônimos. Considerar classes como simples estratos ou camadas estatísticas leva à banalização do uso de expressões como classes "superiores", "inferiores" ou "baixas", além de identificar uma multiplicidade de "classes médias".

A estratificação social classifica os indivíduos e multiplica as hierarquias.

Classes sociais e estratificação social

Se nas sociedades medievais era a honra que contava, nas sociedades industrializadas, as hierarquias de trabalho, de renda e de prestígio social comportam muitos níveis de estratificação. Tomemos como exemplo operários da indústria que efetuam trabalho manual ou trabalho mediado pelo conhecimento técnico qualificado e são caracterizados pela não-propriedade dos instrumentos de produção.

Perguntamos: em que medida os trabalhadores nas fábricas têm a mesma maneira de viver, efetuar as suas despesas e um sistema de pensamento e valores comuns? Têm consciência de pertencer a uma classe denominada operária?

Com esse exemplo, o sociólogo Raymond Aron (1991) correlaciona critérios objetivos, materiais e quantificáveis (nível de renda, organização do trabalho), critérios subjetivos (maneira de viver e pensar) e critérios essencialmente subjetivos (consciência de comunidade). Uma pesquisa empírica pode estender essas questões às chamadas "classes médias antigas" (artesãos, comerciantes, pequenos proprietários de meios de produção) e às "classes médias novas" (empregados de escritórios, quadros médios das empresas, professores, profissionais liberais etc.). Não nos iludamos, essa correlação de critérios é indefinida e individualizada, e não responde à complexidade das classes sociais como um fenômeno estrutural, oriundo da forma como a sociedade está organizada para produzir e repartir a riqueza, na sociedade capitalista.

Diversos e simultâneos são os sistemas de estratificação em cada sociedade, mas há somente uma estrutura de classes em seu interior. É a estrutura que divide e conforma a sociedade, segundo os interesses divergentes dos agrupamentos humanos. Fundada sobre uma estrutura de classes, a sociedade capitalista reforça essa divisão mediante inúmeras formas de estratificação, geralmente influenciadas pela dicotomia clássica entre dominantes e dominados.

> A estratificação é um fenômeno social, cuja função é integrar a sociedade e consolidar determinada estrutura socioeconômica. Essa estrutura apresenta-se dividida não pela estratificação, e sim pelas oposições de classes (Stavenhagen, 1974).

Classes sociais: a estrutura da sociedade capitalista

A análise da estratificação não se confunde com a análise das classes sociais, afirma Aron (1991) e nos coloca o enfrentamento sociológico de diferençar o estrato da classe social. O que é um e o que é outro, na expressão da língua e na realidade concreta? A rigor, a diferença está entre a conceituação e a realidade e tem se mostrado uma escolha da parte do investigador, quando se trata de classes sociais.

A pesquisa científica com base em uma concepção teórica histórica tem sido coerente em identificar um conjunto como as classes sociais. Distanciamo-nos do conceito universal de classe para nos deter em um fenômeno que assim merece ser chamado exclusivamente nas sociedades modernas. Essa posição nos coloca no limite da contestada existência das classes na sociedade contemporânea, ao discutir um tema sociológico controverso pelas reticências teóricas e ideológicas que o envolvem.

Os estratos ou camadas ou categorias são diferenciações sociais mais ou menos fixas, que se tornam consistentes em diferentes estruturas sociais. Podem ser observadas pelo contorno definido de características enumeráveis – renda, ocupação, escolaridade etc. – num *continuum* de posições sociais cambiáveis, independentes umas das outras, tais quais camadas de um bolo recheado com vários sabores.

As classes sociais, por sua vez, não se apresentam claramente. Suas fronteiras estão em movimento e sob mútua dependência, por não estarem nitidamente definidas. As classes sociais fundamentais encontram-se em uma relação comum com os meios de produção que as define: os capitalistas são donos dos meios materiais de produção, e os trabalhadores são aqueles que ganham sua vida vendendo sua força de trabalho, logo estão de algum modo subordinados ao capital que lhes paga, direta ou indiretamente. A rigor, as classes fazem parte da estrutura social e resultam das relações antagônicas e complementares entre elas, da oposição de interesses e de seus movimentos de reprodução social.

> As classes sociais são agrupamentos que têm a mesma posição na estrutura de produção e mantêm relações umas com as outras, produzindo e reproduzindo a estrutura social.

Um agrupamento descobre-se como classe em contraste com outros, aos quais opõe seu gênero de vida, seus interesses e sua cultura, analisa Marx, no texto "O Dezoito Brumário" (1977b). Uma classe expressa consciência em momentos de efervescência social, quando a ação a faz um ser coletivo com vontade própria e um papel a cumprir, enquanto conjunto histórico. Os trabalhadores constituem-se uma classe pela sua situação comum em relação aos demais trabalhadores, embora nem sempre tenham consciência disso. A classe capitalista, detentora do poder econômico, também atua como classe ao deter o poder político e o controle sobre o Estado, condições essas interdependentes. As classes só elaboram uma consciência de classe quando confrontam suas diferenças de interesses e têm reconhecimento mútuo. Oliveira (1987) reconhece nesse jogo de interesses/poder o movimento da política.

A consciência de classe é fundamental para levar os trabalhadores a lutar coletivamente pelos seus direitos, reafirmando o seu papel na produção de bens (riquezas). Em termos históricos, podemos dizer que a consciência de classe coincide com a formação das organizações de classe. Exemplo disso é o fato de os sindicatos terem nascido da necessidade dos trabalhadores encontrarem um instrumento próprio de defesa e de representação diante da oposição da classe capitalista.

Esse sentimento de ser estranho um ao outro, assentado em relações de dependência recíproca, é que cria unidade, no dizer de Ossowski (1976), ou seja, uma comunidade objetivamente apreendida (natureza do trabalho, nível das rendas), mais a similitude das maneiras de trabalhar, de viver e de pensar. Aron (1991) resume a diferença entre classe e estrato pelo fato de a primeira ser um ente social portador de vontade.

Algumas teorias explicativas de classes

A conceituação de classe social varia nas diversas teorias. De maneira geral, as classes referem-se a grupos sociais que diferem entre si pela posição econômica que ocupam na esfera da produção e se expressam na posse de riquezas, na escolha da profissão e na adoção de estilos de vida. A concepção histórica das classes sociais, baseada na obra de Marx, é a que melhor explica a estrutura social capitalista atual.

A concepção de classe social em Karl Marx

O conceito de classe provém de uma análise estrutural da sociedade capitalista desenvolvida por Marx e Engels (1984), ao estabelecerem como critério para a identificação das classes a posse ou não dos meios de produção. A existência de classes e do seu antagonismo coincide com o aparecimento da manufatura capitalista e da maquinaria industrial. A divisão da sociedade em duas classes fundamentais – proprietários dos meios materiais de produção e assalariados – ocorre em uma época histórica específica: a capitalista. Nesse aspecto, classe é uma categoria histórica que tende a existir enquanto houver capitalismo.

Figura 1 – As classes sociais no sistema capitalista – Marx

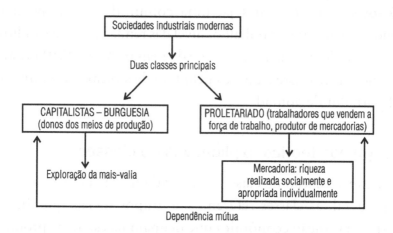

Embora classes sociais seja um capítulo breve e inacabado em *O capital*, o conjunto da obra de Marx revela uma complexa teoria de classes, que toma por base a posição na estrutura produtiva dos detentores ou não da propriedade privada dos meios materiais de produção, para além da burguesia *versus* operariado ou de capitalistas *versus* trabalhadores, como classes sociais fundamentais. A subdivisão da burguesia em várias subclasses ou frações de classe – burguesia industrial, financeira e comercial, correspondendo aos gêneros de capitais – aponta para uma pluralidade das classes sociais, a partir da dicotomia básica. Marx (1975) identifica, em diferentes contextos, o surgimento de um grupo de gerentes-administradores assalariados, colaboradores da classe dominante no comando do capital.

Por ser, ao mesmo tempo, uma teoria da revolução burguesa, pelo avanço das forças produtivas e desenvolvimento da tecnologia, e uma teoria da revolução operária pela busca de uma sociedade sem classes, a interpretação de Marx (1977a), na forma de uma filosofia da história, assenta-se na concepção de luta de classes. Enquanto a burguesia faz avançar o capitalismo, introduzindo inovações nos meios de produção, a classe trabalhadora procura transformá-lo em um meio de conquista de posições sociais sem desigualdades.

> Burguesia e trabalhadores são classes históricas revolucionárias e antagônicas, contraditórias e complementares, porque uma não existe sem a outra.

A oposição entre essas classes produziu transformações sociais ao longo do tempo, realizando o pensamento de Marx de que a luta de classes é o motor da história. Uma classe procura manter o capitalismo, a outra, superá-lo. Nesse sentido, a classe burguesa, considerada revolucionária no século XVIII por lutar para derrubar o "direito divino", os privilégios feudais e o Antigo Regime, na França, converteu-se em uma classe conservadora de modo a manter a posição social alcançada: o poder econômico e político.

Classe social no pensamento de Max Weber

Para Weber (1991), a divisão de classe não advém somente do controle dos meios de produção, mas de situações sociais que não têm necessariamente relação com a esfera da propriedade, tais como a posição que o indivíduo ocupa no mercado, as habilidades, qualificações etc. e o *status* que envolve a honra e o prestígio social. Hierarquias sociais são definidas com base no prestígio (grupos de *status*), na renda (classe, no sentido econômico) e no poder (classes dirigentes, elites etc.).

> Weber define classe como qualquer grupo de pessoas que se encontram na mesma situação de classe, em termos de condição econômica, de situação no mercado.

Weber (1974) associa a estratificação social com a monopolização de bens e oportunidades ideais e materiais, concebendo-a por aspectos como a classe, o *status* e o partido. Enquanto a posse dos meios de produção é importante para definir a situação de classe, outros atributos são essenciais para definir o lugar social do indivíduo, como, por exemplo, as qualidades pessoais que podem ser obtidas pelo estilo de vida e pelos títulos que possui e lhe conferem prestígio e honra sociais.

Outro fator definidor da posição social consiste no poder, ou seja, na capacidade de um grupo ou indivíduo se impor aos demais. Uma forma do poder diz respeito ao partido – uma associação de indivíduos com fins políticos, cuja ação objetiva exercer influência sobre a sociedade. Numa perspectiva diferente desta de Marx, Weber concebe a sociedade assentando-se na distribuição desigual de renda, prestígio e poder.

Ocupando-se com a questão do poder, a compreensão weberiana da dominação mostra que esse fenômeno social ocorre quando há voz de comando de uma autoridade e a inclinação de outros, indivíduos ou grupos, para a obediência. Essa probabilidade de disciplina e acatamento caracteriza mais a dominação que o exercício da influência sobre indivíduos ou alguma situação, seja na dominação política, econômica, religiosa ou de outra natureza, como a dominação de classe.

Figura 2 – Fatores de estratificação na sociedade
capitalista – Weber

Mesmo sem levar em conta a dinâmica das classes sociais, Weber valoriza a compreensão dos acontecimentos históricos. O fato de homens, na mesma situação de classe, reagirem regularmente através de ações de massa exemplifica as lutas de classes em vários períodos da história. Na Antiguidade, a luta era realizada por camponeses endividados e artesãos ameaçados de servidão; durante as Idades Antiga e Média, os não-proprietários agruparam-se contra aqueles que tinham interesse pela escassez do pão, real ou supostamente. As disputas salariais, ainda incipientes na sociedade moderna, cresceram lentamente de forma a tornar o preço do trabalho uma questão crucial para os trabalhadores, no século XX.

A troca entre as classes – Bourdieu

Para o sociólogo francês Pierre Bourdieu (1993), a distinção dos indivíduos e grupos não se dá por fatores econômicos ou ocupacionais, mas em relação a fatores culturais, como gostos, estilos de vida, atividades de lazer. O capital econômico refere-se à posse material dos meios de produção e o capital cultural ou simbólico remete aos bens culturais (esculturas, livros, pinturas, educação formal). O termo capital é utilizado como uma metáfora para as vantagens culturais e sociais dos indivíduos que possuem iniciação às artes, à música, à política, à cultura em geral etc., capaz de levá-los à obtenção de capital econômico e vice-versa.

Capital social traduz-se nas oportunidades e nos benefícios de se pertencer a uma comunidade, a um grupo, a uma família, que detém recursos reais ou potenciais, ligados à participação em redes de relações sociais mais ou menos institucionalizadas. O aprendizado de padrões culturais é condicionante da posição de classe na sociedade, uma vez que para a apreensão dos bens culturais os indivíduos precisam dominar códigos culturais próprios de sua decifração para incorporá-los, como uma partitura musical ou um segundo idioma.

> Há uma troca simbólica de ideias e senso comum que permeia a relação entre as classes e suas frações, reproduzindo a estrutura social.

Pela teoria do capital simbólico, há uma relação de forças entre as classes sociais, as quais, ao se articularem, desenvolvem instrumentos de reprodução objetivos e simbólicos: proximidade física, confiança, igualdade de carência ou de apropriação de bens, parentesco, laços familiares, rede de intercâmbio recíproco, frequência à escola, acesso a bens materiais, como construir uma casa ou comprar um computador. Essas e outras estratégias de reprodução das classes denotam a condição social de um indivíduo ou de um grupo, espécie de determinação estrutural de sua posição na estrutura de classes, dominada ou dominante, não apenas sob o aspecto econômico, mas também cultural, social e político.

Figura 3 – Influência das formas de capital na estruturação das classes sociais – Bourdieu

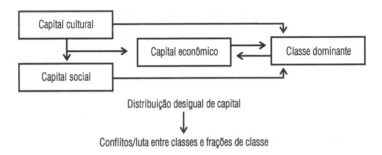

Por ser desigual, a distribuição das diferentes formas de capital implica conflito entre as classes sociais, cujas frações lutam para impor sua visão de mundo, conforme seus interesses. Visão de mundo é a perspectiva cultural específica por meio da qual os indivíduos percebem e interpretam o mundo à sua volta. Refere-se ao modo como os sujeitos enxergam a sociedade, a ciência, a realidade, e normalmente tem relação com o lugar que ocupa e com as relações que estabelece com a sociedade. Bourdieu (1989) considera que o campo da produção simbólica é um microcosmo de luta latente entre as classes, sendo que a classe econômica dominante objetiva legitimar a sua dominação por meio da produção simbólica.

As classes contraditórias de Wright

Outras interpretações de classe social podem ser destacadas, como a do sociólogo norte-americano Wright (1981), que combina aspectos das teorias de Marx e de Weber, mostrando que as classes se complementam. Nessa abordagem, os capitalistas controlam os investimentos, o capital, os meios de produção (terra, fábricas, escritórios) e a mão de obra. Os trabalhadores não comandam essas esferas.

Entre os capitalistas e a classe trabalhadora, Wright identificou um terceiro grupo de indivíduos, considerando-o no âmbito das classes contraditórias compostas por gerentes – os "colarinhos-brancos" (*white collars*) –, os quais, apesar de assalariados e de se encontrarem submetidos ao capital, exercem controle sobre a maioria dos trabalhadores. São porta-vozes dos capitalistas na organização da produção e na gestão do trabalho

Figura 4 – Relações de classes e controle sob o capitalismo – Wright

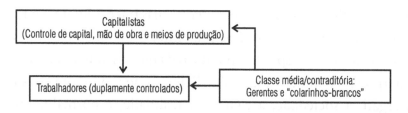

As ciências sociais não apresentam unanimidade ao interpretar as classes sociais e conceber as formas de estratificação. Os diferentes esquemas teóricos ora pretendem criticar e superar a posição marxista sobre classe social, ora complementá-la ou redimensioná-la para o presente. Uma teoria pode definir classe social, mas sociologicamente não se pode prescindir da característica-chave do capitalismo: ser uma sociedade de classes profundamente cindida entre os que possuem e os que não possuem; os que consomem toda sorte de mercadorias e os que não conseguem sequer sobreviver; os que têm acesso às tecnologias e os excluídos; os que podem usufruir de modernas pesquisas em saúde e aqueles que padecem de males como desidratação, desnutrição, doenças endêmicas etc.

> Uma sociedade de classes é uma sociedade em que as relações de classes são "preeminentes na estrutura social como um todo". Ao usar essa expressão, Giddens mantém "a ênfase de Marx sobre a relevância explicativa da classe como central à noção de sociedade [...], em que as relações de classes são de significado primordial para a interpretação explicativa de amplas áreas de conduta social. Assim, embora houvesse várias formas de relações de classes nascentes na sociedade pós-feudal, ela só se tornou uma sociedade de classes com a hegemonia do mercado capitalista" (Giddens, 1975, p. 160).

Mudanças: operário, proletariado ou classe trabalhadora?

No fim do século XX, algumas vertentes teóricas afirmaram a obsolescência do conceito de classe social. No entanto, as mudanças que ocorreram nas diversas esferas sociais, sobretudo na ordem econômica, não findaram com o modo de produção capitalista e esse sistema mantém a divisão em classes como um traço estrutural.

O aparecimento de novas formas de produzir e as mudanças sociais que se processaram, desde a Revolução Industrial, levaram os sociólogos a redimensionar o conceito de classe trabalhadora. A compreensão de que todos os trabalhadores da indústria, do sistema financeiro, da área de serviços, trabalhadores manuais e os considerados intelectuais são igualmente subordinados ao capital trouxe a necessidade de uma conceituação mais ampla que a clássica denominação classe operária.

O termo "operário" diz respeito mais especificamente ao trabalhador de fábrica, aquele que exerce uma ocupação, geralmente, manual ou repetitiva na indústria. Sua utilização está ligada ao contexto da Revolução Industrial e a uma época específica de apogeu do trabalho/emprego industrial. Às vezes, o termo é utilizado como sinônimo de proletário, no sentido do trabalhador manual também dependente de salário, mas de nível relativamente baixo. Na Roma antiga, o proletário era o indivíduo que vivia do seu trabalho de baixa remuneração e era considerado útil à República devido aos filhos que procriava, ou seja, por multiplicar a prole. Marx referia-se ao proletariado no capitalismo como o conjunto dos despossuídos dos meios materiais de produção, necessitados de um salário para viver.

> Operário e proletário são conceitos que exigem contextualização por estarem ligados à história dos movimentos dos trabalhadores.

Hoje prevalece a compreensão de que trabalhadores de todos os ramos, não apenas os da fábrica, encontram-se numa relação de subordinação ao capital. Foi nesse sentido que o sociólogo Ricardo Antunes (2001) delineou o conceito de classe-que-vive-do-trabalho para abarcar a gama de trabalhadores modernos, a partir de uma concepção ampliada do trabalho, em face das mudanças significativas, nas últimas três décadas.

A classe-que-vive-do-trabalho compreende a totalidade dos assalariados, homens e mulheres que vivem da venda da sua força de trabalho, e incorpora tanto o núcleo central do operário industrial – trabalhadores que produzem diretamente mais-valia e participam da valorização do capital – quanto trabalhadores da área de serviços, que não participam diretamente da criação de mais-valia. À moderna denominação classe trabalhadora, Antunes (2005) incorpora o proletariado rural, os trabalhadores precarizados, os de serviços, de tempo parcial, temporários e a totalidade dos trabalhadores desempregados, deixando fora os gestores do capital, pelo papel no controle do sistema de mando do capital, além dos pequenos empresários, pequena burguesia urbana e rural e aqueles que vivem de renda.

Classe média e estilo de vida

As classes sociais são um fato empírico-histórico e uma categorial conceitual complexa que se impõem ao conhecimento, desafiando-o, e ganham existência histórica reconhecida em função da relação que elas mantêm entre si. Esquemas dicotômicos de classes polarizam ricos e pobres, concebem relações de dependências e interesses conflitantes capazes de acentuar a divisão da sociedade em duas partes opostas. Essa disposição de vida e reprodução social pode colidir com os interesses de outras classes. Por exemplo, a classe média mostra-se mais intercambiável por desempenhar diferentes papéis na imagem da estrutura social. Essa ação relacional com outras classes, Ossowski (1976) interpreta-a como uma relação de ordenação, porque a classe média apresenta-se menos resistente às influências e à definição clara de sua posição na estrutura da sociedade moderna. Ora a classe média une-se a um lado, ora a outro lado das classes antagônicas, demonstrando um comportamento conservador, que a faz contemporizadora diante dos conflitos e tendente a camuflar as contradições sociais. Entre as contradições dialéticas do capitalismo, está a clássica distinção na equivalência relativa ao valor de uso e ao valor de troca, que qualquer mercadoria externaliza quando se equiparam mercadoria e dinheiro, trabalho assalariado e capital, esses últimos componentes da estrutura de classes fundamental na sociedade contemporânea.

As classes médias ou intermediárias, como Marx (1975) as denomina, são integradas por vários grupos desde pequenos produtores, comerciantes, empregados que supervisionam as atividades produtivas em nome do capital, como gerentes, secretários, contabilistas. Profissionais liberais, intelectuais, artistas, jornalistas, clérigos e funcionários do Estado, como os militares, os professores e os policiais, comporiam o suporte ideológico, material e simbólico à reprodução da estrutura de classes.

Ao analisar as relações desiguais de poder e o fato de as classes dominantes, econômica e culturalmente, não exercerem um domínio explícito, um confronto aberto, Bourdieu (1989) revela os modos subjacentes de dominação nas sociedades capitalistas, para além da contradição existente entre as duas classes fundamentais. As relações desiguais entre as classes sociais garantem privilégios da dominação simbólica, através da educação e da arte e de suas próprias instituições e práticas sociais. Explicando: as ações da sociedade ou de grupos específicos garantem referenciais para o comportamento social e a reprodução da estrutura social. Criam-se as distinções.

Na visão de Bourdieu, a distinção social consiste naquilo que diferencia os homens em sociedade, por buscarem prestígio e ascensão social, auferidos por instituições como a educação, a cultura, os gostos. A posição econômica, embora possa auferir distinção social, não garante necessariamente distinção. A estrutura de relações de classe comporta uma dinâmica de distinção social, que não se esgota pela imposição de uma dada representação da sociedade, em que a aparência homogênea não nos deixa ver a sociedade dividida. Essa projeção sobre a sociedade capitalista prolonga-se pelas práticas sociais apropriadas pelas classes subalternas.

A percepção da estrutura social na sociedade contemporânea é mediada por inúmeras condições que nos oferecem a aparência de posições sociais nem sempre visivelmente amparadas nas relações entre as classes. A adoção de múltiplos estilos de vida é a capa que recobre e esconde a realidade das relações de classe que são, em verdade, relações de propriedade. Esse fenômeno Ossowski (1976) chama de graduação, em que diferentes posições sociais estão comprometidas por legados do sistema de propriedade privada dos meios materiais de produção. Por exemplo, um estilo de vida pode ser avaliado pelo nível de consumo de bens como geladeiras, aparelhos de televisão, telefones celulares, viagens, carros, gostos culturais etc., dando demonstração de ser mais elevado quanto maior for a riqueza.

> "Quem é classe média no Brasil ou definindo a classe média no Brasil
>
> É difícil definir a classe média em um país no qual apenas 3% da população economicamente ativa ganha mais de dez salários mínimos. Mesmo centros de pesquisa como o IBGE e pesquisadores debruçados sobre o tema resistem a delimitar essa faixa, dado o profundo fosso de renda no Brasil e a falta de números confiáveis e organizados sobre o padrão de ganhos e consumo das classes A e B. [...]. Por opção metodológica [era preciso definir uma faixa], os organizadores do *Atlas da nova estratificação social no Brasil*, entre eles o economista Márcio Pochmann, da Unicamp, consideraram classe média as famílias com renda mensal entre 1.556 reais e 17.351 reais (valores de novembro de 2005). Estima-se que 15,4 milhões de famílias estejam nessa faixa, ou 31,7% da população. Mas aquilo que definiríamos como classe média-alta tem, obviamente, uma porcentagem pequena desse total. São assalariados do comércio e da indústria, gerentes e executivos de nível médio nas corporações, distribuídos em três patamares: média-baixa, média-média e média-

> alta. E com nível de consumo entre 5 e 30 salários mínimos mensais" (Erthal, 2007, p. 10 e 17).

Os limites entre as classes sociais reais não estão dados, exigindo por parte dos pesquisadores a utilização de critérios objetivos (renda, ocupação, consumo) e subjetivos (prestígio, interesses, percepção de valores sociais comuns), sem ofuscar que a posição de classe depende basicamente de diferenças econômicas entre agrupamentos de indivíduos, isto é, da desigualdade de posse e controle de recursos materiais. As sociedades desenvolvidas têm se tornado tão complexas que dificultam a identificação imediata dos laços entre as classes sociais e favorecem as desigualdades socioculturais entre os países, as regiões, os setores de atividades, os estratos de trabalhadores, diferenciando-os.

O trabalho teórico de interpretação sociológica das classes sociais tem caminhado no sentido contrário do capitalismo contemporâneo, porque este tem se renovado constantemente, transparecendo seu caráter de sistema, envolvendo tudo na lógica da sociedade capitalista. Já o movimento das classes sociais vem se tornando opaco e difuso, dificultando traçar seu perfil, no dizer de Oliveira (1987), tal qual a imagem do caleidoscópio que é a classe média.

Mobilidade e desigualdades sociais no capitalismo

Pululam no jornal, na televisão e na internet casos de pessoas do povo que, com muito trabalho, venceram na vida e hoje ocupam importantes cargos na sociedade. São histórias de pessoas que ascenderam socialmente e se tornaram personalidades públicas, de jovens modelos com fama internacional, de garotos descobertos no futebol e bem-sucedidos em carreiras no exterior. Nessas histórias está refletido o fenômeno da divisão da sociedade. Desde as revoluções burguesas do século XVIII, a sociedade pode ser apresentada graficamente pela figura estratificada da pirâmide social: os ricos no topo e uma ampla maioria de pobres na base. Essas histórias incutem a esperança de ascensão social, de mudarmos de vida, ficarmos ricos. Esse "mudar de vida" é um fenômeno denominado mobilidade social pela Sociologia.

Os teóricos do capitalismo, ao defenderem esse sistema como um modo de produção e de vida, baseiam-se numa importante característica do capitalismo que é a mobilidade social, ou seja, a possibilidade de indivíduos e grupos passarem de uma classe a outra. É nesse sentido que os meios de comunicação mostram exemplos de pessoas bem-sucedidas que venceram obstáculos na vida. Mas casos isolados não dizem respeito à maioria da população e não podem ser considerados pela Sociologia de maneira acrítica.

> Às vezes, as relações entre as classes modificam-se, mas a estratificação tende a permanecer, mantendo a estrutura social com as características do momento anterior.

Aconteceu no Brasil, logo após a abolição da escravatura, uma alteração social de estratificação, mas não da estrutura da sociedade. Apesar de os escravos não poderem mais ser vendidos como mercadoria e se constituírem trabalhadores livres, a partir de 1888, tiveram dificuldades de se inserir no mercado de trabalho, devido ao preconceito e à preferência pelo trabalho do imigrante. A Lei de Terras de 1850, decretada pelo governo imperial, também impedia que pobres e negros libertos tivessem acesso à propriedade da terra, garantindo mão de obra farta e barata. Dessa forma, muitos dos ex-escravos, sem nenhuma política oficial que visasse sua integração na sociedade, continuaram trabalhando por moradia e comida. Foram mantidas por algum tempo as mesmas relações de subordinação que estruturavam a sociedade da época.

No final do século XIX, vieram levas de imigrantes para trabalhar nas plantações de café e depois para o trabalho na nascente indústria brasileira. Os imigrantes eram submetidos a condições precárias e desiguais em relação aos proprietários de terras e das fábricas. Em geral, a remuneração era baixa e eles ficavam devendo aos seus patrões os gastos com as passagens, a hospedagem que receberam por ocasião de sua vinda, a alimentação, a moradia. Essas condições impediam a pretendida ascensão social, sonho que trouxeram de seus países de origem.

Com a ampliação do trabalho assalariado, no Brasil, a desigualdade foi reforçada, pois os empresários pagavam salários irrisórios a seus empregados, valendo-se de sua condição de classe detentora do poder econômico e político. Essas características do processo de desenvolvimento capitalista ajudam a explicar o caráter estrutural da desigualdade em nosso país, marcas reforçadas por outras formas de estratificação e de discriminação sociais, presentes nos processos históricos.

> Enquanto a mobilidade para um estrato acima ou abaixo na escala social e profissional é frequente, a mudança de uma classe social para outra comumente não ocorre.

Em tese, a sociedade capitalista seria mais aberta e propensa a oferecer oportunidades, o que resultaria em maior mobilidade social. Histórica e concretamente, contudo, ela tem se revelado uma sociedade conservadora que mantém rígidas suas estruturas de relações. Como as classes sociais existem enquanto relações que se estabelecem entre um grupo minoritário de proprietários dos meios materiais de produção e uma maioria destituída desses meios, uma mudança na estrutura social significa alteração nessas relações de dependência, antagônicas e complementares.

Ao estudar as desigualdades sociais, a Sociologia atenta para os movimentos significativos de mobilidade que ocorrem a indivíduos e grupos. As variações que estes podem ter na sua posição social são observadas e é mensurada a dinâmica social. Quando a mudança de um estrato a outro é pequena, a Sociologia não considera mobilidade entre classes, porque esta altera as condições estruturais da sociedade.

> A mobilidade pode ser ascendente ou descendente, se indivíduos e grupos sobem ou descem respectivamente, na escala de estratificação social.

Houve, no Brasil, períodos em que foi registrada mobilidade ascendente para aqueles que estudavam. Períodos de maior ou menor mobilidade não significam mudanças na estrutura social do país, em que tem predominado a desigualdade. Isso se deve às políticas econômicas e sociais adotadas pelos governos que o têm mantido na condição de um dos países com maior concentração de renda do mundo. Dados do IBGE (2005) exemplificam essa concentração, ao mostrar que os 10% mais ricos da população se apropriam de cerca de 50% do total dos rendimentos das famílias, enquanto os 50% mais pobres detêm pouco mais que 10% da renda. A concentração da renda expressa a baixa mobilidade social no Brasil.

A sociedade brasileira apresenta uma grande desigualdade entre o topo e a base da pirâmide social, o tipo de mobilidade tem sido de curto alcance, quando os indivíduos mudam apenas de um patamar a outro na escala de estratificação, mas raramente mudam de classe social. A partir do final do século XX, tem-se observado a extensão dos serviços de saúde, educação e moradia à população de baixa renda e, no entanto, a desigualdade permanece a mesma de períodos anteriores, alterando pouco o acesso a melhores condições de vida ou a posições de *status* privilegiadas.

Para a situação de mobilidade intergeracional, é avaliado até que ponto os trabalhadores têm melhores condições socioeconômicas e profissionais que os seus pais. Já a mobilidade intrageracional analisa se os indivíduos conseguiram melhorar as suas condições de vida ou se mudaram para uma profissão de maior reconhecimento social. Análises de mobilidade no âmbito das estratificações sociais usam critérios como profissão, escolaridade, cor da pele e gênero. A relação entre cor da pele e mobilidade social aponta se a sociedade discrimina os afro-descendentes, por exemplo, e as consequências da discriminação para a posição que estes ocupam na estrutura social. O gênero também constitui um critério de estratificação, devido à desigual participação de homens e mulheres no mercado de trabalho brasileiro. Os homens ocupam posições vantajosas relativamente às mulheres, na estrutura de classes e esta desigualdade social tem sido persistente na história.

Há grande mobilidade na fronteira entre ocupações manuais e não manuais, impedindo a mobilidade de longa distância entre as classes. Um aumento da mobilidade ascendente, mediante a educação, também ocorre, mas é de curta duração, alerta Scalon (1999), por estar concentrada nos primeiros anos de atuação no mercado de trabalho e o fato de o grau de instrução representar acesso a postos mais qualificados, sem trazer necessariamente crescimento salarial.

As classes sociais no capitalismo expressam a desigualdade como uma forma específica de dominação social, ou seja, a acumulação/

apropriação de riqueza por alguns e sua valorização, gerando desigualdade e exclusão sociais em condições de vulnerabilidade ampliadas pelo desenvolvimento econômico dos países. A desigualdade social no Brasil e no mundo deve-se principalmente à concentração da renda, sendo impossível uma sociedade alcançar uma situação mais próxima da igualdade de oportunidades e de uma distribuição de renda justa sem a intervenção do Estado. Este tem entre seus encargos a correção das tendências concentradoras de riqueza inerentes ao sistema capitalista.

Para reter o conhecimento

1) O que significa a afirmação "a desigualdade é social"?

2) Conceitue estratificação social e mostre as formas de estratificação registradas ao longo da história.

3) O que diferencia o sistema de classes sociais de outras formas de estratificação social?

4) Expresse as diferentes teorias de classe apresentadas neste capítulo.

5) Relacione capitalismo e mobilidade social.

A realidade clama à ciência

Leitura 1: Swingewood, 1975.

"O que converte os trabalhadores assalariados, os capitalistas e os latifundiários em três classes sociais?

'Trata-se de três grandes grupos sociais cujos componentes vivem, respectivamente, do salário, do lucro e da renda do solo, isto é da exploração de sua força de trabalho, de seu capital ou de sua propriedade territorial', segundo Marx, que delineia também a existência das classes intermediárias: 'os médicos e os funcionários, por exemplo, formariam duas classes, visto pertencerem a dois grupos sociais distintos, cujos componentes vivem de rendas, provenientes da mesma fonte em cada um deles'. A visão de que Marx traçou uma divisão simplificada em duas grandes classes somente não se sustenta. Na sua obra 'O Dezoito Brumário de Luís Bonaparte' distingue burguesia financeira, burguesia industrial, pequena-burguesia, proletariado, proletários de terra e agricultores livres. A classe média para Marx 'consiste em grupos diversificados tais como os pequenos produtores, a pequena-burguesia (empregados das pequenas frações de trabalho); aqueles empenhados na 'circulação de mercadorias' (mercadização, compra, venda); os intermediários (atacadistas, logistas, especuladores); aqueles que 'mandam em nome do capital' (gerentes etc.) e seus assistentes, supervisores, secretários, guarda-livros, funcionários; e finalmente um grupo 'ideológico' compreendendo advogados, artistas, jornalistas, clero e funcionários do Estado tais como os militares e a polícia" (Swingewood, 1975, p. 137-138).

1) Com base na análise de Swingewood, como se apresenta a concepção de classe para Marx?

O olhar da Sociologia no mundo

1) Leia os textos 2 e 3, assinale as ideias centrais e responda as questões propostas.

Leitura 2: Oliveira e Rodrigues, 2005.

Renda dos ricos cai, ganho dos pobres sobe e desigualdade fica menor no país. (*O Globo*, Caderno Economia, 26 nov. 2005, p. 38.)

"A mazela secular do Brasil deu em 2004 mais um sinal de que começa a sucumbir. O Índice de Gini, que mede o grau de desigualdade de renda, apresentou no ano passado seu mais baixo resultado desde 1981 – foi o terceiro recorde seguido. Dessa vez, no entanto, a concentração de riqueza diminuiu porque houve aumento da renda dos mais pobres e queda no ganho dos ricos. [...] Num resultado que varia de zero a um – e quanto mais perto de um, maior a desigualdade de renda – o Gini caiu de 0,554 para 0,547 entre 2003 e 2004. O ganho de renda da metade mais pobre dos trabalhadores e a redução do número de domicílios sem qualquer rendimento devem fazer os índices de pobreza caírem. [...] O tipo de crescimento que o Brasil optou por ter fortemente exportador não favorece os extremamente pobres. Portanto, as melhorias estão acontecendo por causa dos programas sociais, que aumentaram e têm foco nos 30% mais pobres, embora ainda não sejam suficientes" (Oliveira e Rodrigues, 2005).

Leitura 3: Ipea, 2005.

"Considerando o Índice de Gini de 130 países selecionados, o Brasil é o penúltimo colocado (0,60), superado apenas por Serra Leoa (0,62). O índice brasileiro é aproximadamente duas vezes e meia pior que o verificado na Áustria (0,23) e na Suécia (0,25), nações que estão entre as rendas mais bem distribuídas no mundo, e também pior do que o observado em países com características semelhantes às brasileiras, como o México (0,53). Como agravante, o que distingue o Brasil em termos internacionais é que os elevados níveis de pobreza não estão relacionados a uma insuficiência generalizada de recursos, mas sim à extrema desigualdade em sua distribuição" (Ipea, 2005).

1) O que mede o Índice de Gini? Por que o Brasil apresenta esse coeficiente tão ruim?

2) Como se explica a manutenção ou a reprodução da desigualdade social no Brasil?

Leia mais

DICKENS, Charles. *Tempos difíceis*. Lisboa: Romano Torres.

> Sem edições novas em língua portuguesa, este clássico da literatura, escrito em 1845, merece leitura, pois analisa a sociedade vitoriana, as diferenças de classe, a exclusão social, as inovações tecnológicas, denunciando os abusos da industrialização inglesa.

OLIVEIRA, Francisco. *O elo perdido*: classe e identidade de classe em Salvador. São Paulo: Brasiliense, 1987.

> O autor analisa a questão da existência ou não de classes em Salvador-BA. Identifica que o conceito de "baianidade" esconde o não-reconhecimento de classe, presente no discurso das elites no estado.

SORJ, Bernardo. *A nova sociedade brasileira*. 2. ed. Rio de Janeiro: Jorge Zahar, 2001.

> Transformações na estrutura social brasileira fazem emergir novos atores e novas desigualdades sociais.

Tela crítica

ELES NÃO USAM BLACK-TIE. Direção de Leon Hirszman, Brasil, 1981.

> Trabalhadores começam a se organizar por melhores condições de trabalho em um contexto de regime político fechado.

DAENS – UM GRITO DE JUSTIÇA. Direção de Stijn Coninx, Bélgica, 1992.

> Um padre choca-se com o grau de pobreza e exploração dos operários em uma região belga do século XIX, onde se explicitam as trocas de interesse e poder entre os grupos sociais dominantes.

Comunicação e poder da mídia

Síntese deste capítulo

Grandes revoluções nos meios de comunicação produzem rápidas mudanças culturais. A indústria cultural faz mercadoria dos bens culturais, dita modas e incute novos hábitos. As diversas mídias – áudio, visual, escrita – coexistem. Os meios de comunicação eletrônica trocam códigos entre si, não divergem das culturas tradicionais, mas as absorvem. A partir dos anos 1960, as inovações tecnológicas nas comunicações e na informática trouxeram mudanças na economia, nas relações sociais e na capacidade de armazenagem e processamento das informações em escala planetária. A opinião pública não é a soma de opiniões individuais, constitui-se a partir de um público determinado e, muitas vezes, manipulável. As novas mídias diferem das de massas por serem interativas e permitirem a integração de texto, imagem e som. A mídia tem o poder de disseminar ideologias, criar estereótipos e valores sociais. Um conhecimento é distorcido ou ideológico quando é parcial, produz uma meia-verdade, omite partes de um fato.

Comunicação de massa, mudanças sociais e indústria cultural

"- Foram necessários 38 anos desde a introdução da primeira estação de rádio para que o novo meio de comunicação alcançasse um público de 50 milhões de ouvintes.

- A televisão chegou a 50 milhões de espectadores 13 anos depois da comercialização dos primeiros programas.

- Passaram-se 16 anos após a introdução dos computadores pessoais antes que a tecnologia chegasse a 50 milhões de usuários.

- O primeiro telégrafo transmitia informações a 0,2 *bites* por segundo; hoje, os cabos de fibra ótica transmitem dados a 10 bilhões de *bites* por segundo.

- Apenas 4 anos da sua criação, *Wordwide Web* já tinha 50 milhões de usuários.

- Até 1996, o número de sites da internet e de mensagens de correio eletrônico duplicava a cada ano; atualmente o número de usuários da internet duplica a cada 4 ou 5 meses" (Mooney, 2002, p. 54).

Há velocidade nas mudanças em comunicações e por meio delas. Amanhecemos defasados, tal é a avalanche de informações e novas notícias em circulação nos meios de comunicação a cada dia. Em nossa sociedade, trocamos facilmente o prato típico nacional arroz com feijão por hambúrguer, batatas fritas e coca-cola. Com a difusão do estilo americano de viver, passamos a apreciar *fast-food* como sinal de sermos modernos. Nesse processo, nossa cultura sertaneja virou *country*, muitos brasileiros passaram a comemorar o Dia de Ação de Graças (*Thanksgiving day*), e o *Halloween* (Dia das Bruxas) integrou o calendário de festividades de muitas escolas, com mais empenho que as tradicionais festas juninas.

Essas mudanças culturais em tão pouco tempo resultaram, principalmente, da grande revolução nos meios de comunicação, iniciada no fim do século XIX, quando o norte-americano Alexander Graham Bell registrou em Washington a invenção do telefone. Depois veio o telégrafo sem fio por Guglielmo Marconi (italiano naturalizado norte-americano), baseado na tecnologia da transmissão das ondas eletromagnéticas. Essas tecnologias permitiram o desenvolvimento do rádio, do telefone sem fio e da televisão.

As inovações aceleradas contribuíram para o crescimento da acumulação capitalista, impulsionada pela forte industrialização que originou, no início do século XX, a produção em massa. Essa exigia consumo em massa e isso foi possível pela revolução nos meios de comunicação: a propaganda pelo rádio, cinema e pela televisão, pós-1945. Nessa época, já podemos falar de uma indústria cultural que se agiganta e provoca mudanças sociais com desdobramentos no cotidiano. O que vem a ser a indústria cultural? Qual a sua relação com o sistema capitalista, que tem como característica a mercantilização, inclusive das relações sociais?

> "[...] a 'indústria cultural' é a forma *sui generis* pela qual a produção artística e cultural é organizada no contexto das relações capitalistas de produção, lançada no mercado e por esse consumida. Numa sociedade em que todas as relações sociais são mediatizadas pela mercadoria, também a obra de arte, ideias, valores espirituais se transformam em mercadoria, relacionando entre si artistas, pensadores, moralistas através do valor de troca do produto. Este deixa de ter o caráter único, singular, [...] para ser um bem de consumo coletivo, destinado, desde o início, à venda, sendo avaliado segundo sua lucratividade ou aceitação de mercado [...]. A nova produção cultural tem a função de ocupar o espaço do lazer que resta ao operário e ao

> trabalhador assalariado depois de um longo dia de trabalho, a fim de recompor suas forças para voltar a trabalhar no dia seguinte, sem lhe dar trégua para pensar sobre a realidade miserável em que vive. [...] A indústria cultural, além disso, cria ilusão de que a felicidade não precisa ser adiada para o futuro, por já estar concretizada no presente – basta lembrar o caso da telenovela brasileira. E, finalmente, ela elimina a dimensão crítica ainda presente na cultura burguesa, fazendo as massas que consomem o novo produto da indústria cultural esquecerem sua realidade alienada" (Freitag, 2004, p. 72-73).

O termo "indústria cultural" foi empregado pela primeira vez em 1947, por Max Horkheimer e Theodor Adorno, que queriam dizer: a produção da cultura pelos meios de comunicação de massa assume um espírito que insufla o consumo, levando as massas a ouvirem a voz do seu senhor. Numa conferência radiofônica, em 1962, Adorno (1987) reafirma essa concepção: "as produções do espírito no estilo da indústria cultural não são mais *também* mercadorias, mas o são integralmente". Fenômenos inteiramente novos acontecem e Adorno refere-se à integração, a partir do alto, dos consumidores, via produção racionalizada da cultura, característica do hoje. O sistema de uma indústria da cultura reorienta as massas, impondo-lhes esquemas de comportamento que se frustram na própria felicidade ilusoriamente propiciada.

A multiplicação técnica das obras de arte e dos espetáculos e o acesso facilitado ao consumo de bens culturais, graças ao desenvolvimento tecnológico, estabelecem uma junção entre a tecnologia facilitadora, a cultura difundida, o poder e a economia. Assim, podemos dispor na parede da nossa sala de uma gravura, entre milhares confeccionadas, do famoso quadro *Monalisa*, de Leonardo da Vinci (1498), porque a indústria cultural – no singular, por ser um sistema global de produção da cultura enquanto mercadoria – incorpora-se ao jogo das instituições sociais. Isso quer dizer que a indústria cultural se posiciona em relação ao Estado e à *sociedade civil* organizada, dita modismos e suscita novos hábitos culturais, desde um corte de cabelo a um show de bandas pop aos quais nos sentimos impulsionados a aderir ou assistir. Essa capacidade de delinear uma identidade de valores de consumo põe em comunicação diferentes segmentos sociais e é uma característica da cultura de massa.

Uma das discussões estabelecidas pela Sociologia quanto à indústria cultural é a de que o desenvolvimento da técnica tenha permitido o acesso das classes trabalhadoras aos bens culturais – teatro, cinema, museus, obras de arte etc. – antes restritos às elites, mas também se constituiu na maneira de a sociedade burguesa manter sua posição social. A cultura de massa torna-se um prolongamento de um sistema político concreto, o da democracia liberal, afirma Mattelart (1994), por se apresentar como um projeto de cooptação social, uma forma de produzir consenso sobre a dinâmica da sociedade capitalista.

A cultura de massa cada vez mais dependente das lógicas do mercado estrutura-se em torno do entretenimento. Atrelada à cultura industrial, a cultura de massa tende a apresentar tendências opostas. Por um lado, estão as exigências produtivas-padrão, com a estandardização; por outro, o caráter individualizado e inovador do consumo cultural. Ora homogeneíza gostos e produtos, ora oferece algo original "especialmente feito para você".

A cultura de massa – conjunto de símbolos, valores, mitos e imagens referentes tanto à vida prática quanto ao imaginário coletivo – veicula sentidos culturais que se atualizam continuamente nas sociedades policulturais contemporâneas. Nessa perspectiva, na década de 1960, Morin publica a obra *L'Esprit du temps*, na qual analisa a cultura de massa como a moderna religião da salvação terrena, por enraizar valores propícios ao consumo e, simultaneamente, ao autoconsumo da vida individual.

A cultura de massa é um dos grandes mitos do século XX, na opinião de Costa Lima (1982), porque se opõe à cultura superior (letrada) e invade espaços antes de domínio da cultura popular. Carrega consigo uma visão de mundo, uma ideologia e uma linguagem, no contexto de expansão das tecnologias a serviço do capitalismo mundial. Por estar ligada ao cotidiano, a cultura de massa envolve-nos profundamente e é sinal de contradição social, como quando essa cultura propõe situações humanas sem conexão com as situações concretas dos consumidores, mas que podem se transformar em situações-modelo, como os personagens de telenovelas e de *reality shows*.

Podemos imaginar uma peça publicitária na TV em que a apresentadora anuncia as vantagens de um espremedor de frutas multiuso para milhões de consumidores que sequer comprarão frutas. Ou quando o anunciante insiste com o tradicional "ligue já" para vender um novo modelo de aspirador de pó para quem não tem o que aspirar em sua casa. Aqui se aplica a expressão "sociedade de consumo". Significa que ocorreu uma transformação social e os indivíduos são medidos e valorizados a partir da sua capacidade de consumo, da grife que usam, da comida que ingerem, dos lugares badalados que frequentam. O consumismo se constituiu num dos traços marcantes da sociedade ocidental e isso se deve, em parte, ao poder da propaganda nas suas diversas formas: direta, subliminar, *merchandising*, filmes e programas de televisão.

O consumismo é uma das facetas do sistema capitalista, típico produtor de mercadorias e criador de necessidades e valores. Realizado de maneira desenfreada, tem sido apontado como responsável pela deterioração do planeta. As suas consequências podem ser vistas nas grandes cidades com o acúmulo dos lixões e a poluição do ar, da água e do solo, no comportamento dos indivíduos compulsivos e na própria violência, já que excedem os bens para alguns e faltam para outros.

A concentração dos *mass media* descarta um cotidiano próprio e indiferenciado. Em frente ao televisor, temos a sensação de horas de puro entretenimento, quando são horas ligadas ao controle da nossa opinião. Antes, a cultura era enfaticamente verbal, hoje resulta numa galáxia de efeitos, na expressão de McLuhan (1972). Há o envolvimento de todo o corpo, não apenas o olho é um meio receptor, há uma rede de mensagens heterogêneas. A Sociologia vê os fenômenos cultura de massa e sociedade de massa como vulneráveis, pois carecem de teorias convincentes, pondera Cohn (1973).

A mídia de massa

A capacidade de comunicação por meio de símbolos é uma das características mais importantes da espécie humana. A criação do alfabeto representou um enorme avanço na possibilidade de registro e armazenamento das informações. A escrita apareceu na Grécia, no ano 700 a.C., e foi a base para o desenvolvimento da filosofia ocidental e da ciência como a conhecemos. Ela transformou qualitativamente a comunicação humana, segundo Castells (1999), pois permitiu o discurso racional e conceitual, separou o que é falado de quem fala e possibilitou uma realidade virtual. Com uma mente alfabética, separada das imagens e dos sons, o homem desenvolve percepções importantes para a mente se expressar. Através das artes e da técnica, faz avançar o sistema de comunicação.

A radiodifusão reinou na primeira metade do século XX e na segunda metade, a televisão. Nossos avós certamente devem ter se emocionado ao acompanhar novelas pelo rádio. Noticiários, músicas, jogos e propagandas faziam parte da variada programação. A televisão, a partir dos anos 1950, constituiu-se num dos principais meios de comunicação de massa. A sua disseminação levou poucas décadas e foi se transformando na segunda maior ocupação das pessoas, depois do próprio trabalho. Para Castells (1999), a TV tornou-se epicentro cultural de nossas sociedades, tornou-se dominante. As outras mídias – o rádio, o jornal impresso e o cinema –, para se manter, tiveram de realizar adaptações. Observando o poder da comunicação de massa, muitos autores acreditaram que uma mídia substituiria a outra. Verifica-se que o rádio perdeu a centralidade, mas ainda é muito difundido por ser ouvido em locais longínquos e por ser uniformizador de gostos musicais, em função da audiência e massificação das rádios FM, que não necessitam da atenção visual.

As diversas mídias – áudio, visual, escrita – coexistem. De certo modo, os meios de comunicação eletrônica não divergem das culturas tradicionais, mas as absorvem, trocando códigos entre si. Por isso, todos os programas, dos noticiários televisivos aos jogos de futebol e outros esportes, tendem a ser apresentados como espetáculo.

Nessa sociedade da espetacularização, as piores tragédias humanas, como as guerras, a criminalidade, a pobreza, são noticiadas amiúde, tanto quanto a riqueza, o luxo, o prazer e o poder consumir são mostrados como um mundo possível a todos. A novidade da TV, mais do que instrumento de propaganda, é criar o envolvimento emocional com o ato de assistir, apelar à mente associativa e lírica, sem exigir esforço psicológico de recuperação e análise da informação, pondera Castells (1999). É um fato: as crianças tendem a permanecer mais tempo diante da tela da televisão do que na escola. Esse predomínio da televisão no cotidiano e o seu alcance social tem sido uma preocupação da Sociologia, dos estudiosos da cultura e da educação para compreender o real poder do fenômeno televisivo nas relações sociais.

Enquanto autores críticos da mídia denunciam-na como manipuladora no sentido ideológico, pela tendência em conformar os indivíduos, homogeneizar as culturas e massificar, o professor italiano de Semiótica Umberto Eco (1986) afirma que o seu efeito, apesar de muito forte, não foi tão devastador quanto se imaginava. A mídia não produziu uma homogeneização da cultura nem uma massificação social, como provam pesquisas; de cada 1,6 mil mensagens recebidas, as pessoas respondem por apenas pouco mais de uma dezena delas.

A grande mídia é um sistema de mão única, enquanto a comunicação depende da interação entre o emissor da mensagem e o seu receptor (E $\Leftrightarrow$ R). Há uma troca na interpretação da mensagem. O indivíduo recebe a mensagem, interage com ela e a modifica. O próprio Umberto Eco (1986) diz que todo texto é lacunar, quem o preenche é o leitor, pois lhe dá significado. As pessoas têm certo grau de autonomia para organizar e decidir sobre seu próprio comportamento, além da cultura e a educação, cujos recursos interagem com o sujeito e limitam os efeitos da mídia.

A ênfase na autonomia da mente humana e dos sistemas culturais individuais não significa que os meios de comunicação sejam neutros e não devam ser levados em conta, alerta Castells (1999). É necessário considerar que os indivíduos são informados cotidianamente pelos meios de comunicação. Os políticos, por exemplo, que não aparecem na mídia apresentam poucas chances de serem eleitos. Nos Estados Unidos, as pessoas são submetidas a 3,6 mil imagens por minuto, ou seja, sete horas de programação, enquanto para as relações familiares são deixados apenas quarenta minutos. Na França, o tempo dedicado à TV era de três horas por dia nos anos 1980, e a tendência repete-se em outros lugares. Parte do tempo dos indivíduos é ocupada pela mídia, especialmente a televisão, além de ser referência obrigatória nas conversas cotidianas. A mídia substituiu as cantigas de roda, as brincadeiras de rua, o cinema, o livro, modificou seus conteúdos, criou novos hábitos, mudou o perfil do gosto e das preferências, fez do indivíduo um consumidor.

A comunicação é empresa criadora, ao fazer a conexão entre as instâncias sociais e suas formas de expressão. Ela dá forma e sentido à ação social, mas são poucos os questionamentos teórico-sociológicos a respeito, em que a literatura transmite certo fascínio em relação aos meios de comunicação de massa. Estes são tomados como dados, fetiches no processo de comunicação em sua apresentação material – as publicações impressas, o rádio, a televisão, o vídeo etc. Aqui se aplica a famosa frase de McLuhan (1968): "o meio é a mensagem".

Mattelart (1981) refere-se aos meios de comunicação como uma mitologia da sociedade contemporânea. Pela ótica dos que dominam econômica e culturalmente, os meios de comunicação são concebidos como dispondo de mobilidade própria, manifesta na capacidade de ocultar tanto a identidade dos manipuladores quanto a origem das ideias que se expandem.

As novas mídias e a globalização

Hoje, quase três séculos depois, está ocorrendo uma revolução tecnológica nas comunicações de dimensões históricas similares à do aparecimento da escrita. Enquanto seus avós experimentaram formas de comunicação que causaram grandes impactos na sociedade, você compõe a geração que transita por um caminho diferente daquele da comunicação em telefone fixo, das notícias pela imprensa escrita, rádio e televisão. Convivemos com sistemas de comunicação que associam as diversas modalidades: escrita, oral, visual e interativa.

As inovações tecnológicas nas comunicações e na informática, a partir dos anos 1970, expandiram a capacidade de armazenagem e processamento das informações em escala planetária, com efeitos na economia, na política e na cultura. O crescimento do número de computadores pessoais promoveu alterações nas relações sociais e nas redes mundiais. A multimídia, que apareceu no final dos anos 1990, é fruto da fusão da mídia de massa personalizada com a comunicação mediada pelos computadores; sua disseminação imediata torna-a presente em todas as instâncias da vida.

A participação em realidades virtuais, através de jogos eletrônicos, conversações on-line, comunidades virtuais, são modalidades e partes da cibercultura, cujos processos são interativos e permitem a integração potencial de texto, imagem e som no mesmo sistema. Interagindo a partir de pontos múltiplos em rede global e em condições de acesso aberto e preço acessível, tais processos têm mudado o caráter da comunicação e esta tem moldado a cultura. O prefixo *ciber* simboliza hoje a revolução das novas tecnologias de informação e da comunicação (NTIC). A cibercultura não é apenas uma cultura do ciberespaço e da navegação pelos recursos da informação; é também uma cultura ligada à apreensão do global, do universal, utilizando dos meios avançados para agir sobre os problemas da nossa época (Quéau, 2001).

> Uma das características da multimídia é que ela capta a diversidade das expressões culturais, pois todas vêm juntas nesse universo digital que mistura o passado, o presente e o futuro num mesmo contexto (Castells, 1999).

O processo de globalização reforçou essa situação, com a crescente homogeneização das experiências culturais a partir das redes de televisão e o fluxo de consumo das populações, ao possibilitar contato com novos padrões de conduta e consumo. A utilização das tecnologias informacionais provoca a unificação de programas, organiza e processa dados, provocando o que Harvey (1993) denomina compressão espaço-tempo.

São imensas as possibilidades oferecidas pelas novas tecnologias de informações. Com o uso de um computador e uma conexão com a rede (internet), é possível viajar a qualquer parte do planeta, realizar negócios virtuais, descobrir novidades. Tudo isso ainda é muito novo, mas já permite questionamentos: se as novelas contribuem para a alienação dos indivíduos, porque permitem uma fuga passageira da vida real, a vivência de maneira interativa num mundo imaginário e idealizado pode provocar alterações nas relações entre os homens, nas maneiras de aprender e ensinar. Qual é o alcance social e político desse fenômeno? A revolução das tecnologias da informação e da comunicação transformou-nos numa sociedade da informação – a partir da chamada Terceira Revolução Tecnológica, com a disseminação do uso do computador, que ampliou extraordinariamente a capacidade de armazenagem e processamento da informação, estamos vivendo a era da sociedade da informação. Não há consenso sobre isso, pois uma parcela considerável da população mundial não faz uso dos novos meios de informação.

Nessa condição, nos encontramos em meio a uma revolução quádrupla, na análise de Philippe Quéau (2001): cultural, social, econômica e política. Culturalmente, vem se processando uma nova maneira de ser, remodelando a consciência para a compreensão das sociedades mais complexas, além de uma abstração crescente do pensamento. Na economia, o mercado foi deificado (tornado deus), enquanto as aplicações financeiras e a especulação nas bolsas de valores do mundo ganham centralidade nas políticas dos Estados. O funcionamento do mercado não necessita de países, o capital sem fronteiras voa no ciberespaço de um ponto a outro em busca da maior rentabilidade, ignorando bilhões de seres humanos. Quanto às mudanças políticas, o Estado abandona o papel de mediador das relações de cidadania e passa a agenciador dos interesses de grupos transnacionais.

Entre as consequências sociais das transformações da informação está o papel do homem substituído pela própria invenção – a máquina, – inclusive no que era considerado essencialmente humano: a capacidade de armazenar, produzir e transmitir conhecimento. Ainda não há avaliações sobre o alcance social das mudanças trazidas pela revolução informacional que, segundo Castells (1999), forneceu a base ao desenvolvimento do computador, da rede internet, combinando informação, conhecimentos e economia. A informação se torna o próprio produto do processo produtivo.

Existe uma multiplicidade de experiências, considerada comunicação alternativa, nascida nos movimentos populares de diversos países. São panfletos, boletins, revistas, jornais, rádios e canais de TV, que expressam um propósito "alternativo" pela participação de segmentos sociais subalternos no processo de comunicação. As posições de análise divergem sobre a expansão dos novos meios de comunicação. Há autores que veem a sociedade alcançando a emancipação na figura da democratização do conhecimento, da descentralização do poder, da ampliação das interações entre o local e o global e da expansão da educação.

Fato é que as informações continuam sendo controladas por grupos internacionais. Apoiam-se em exemplos como o conteúdo da internet ser majoritariamente apresentado em língua inglesa, a utilização da rede mundial de informação exigir o conhecimento tradicional da escrita, além do fato de a maioria da população permanecer à margem das novas tecnologias, devido a sua condição de pobreza. Os avanços tecnológicos a serviço da comunicação denotam a concentração de poder, sobretudo quanto à produção e circulação das informações.

> "As notícias do mundo inteiro são determinadas por um punhado de atacadistas e varejistas da televisão. A maior [empresa] dos atacadistas, a Reuters, tem 70 agências de notícias com 260 clientes que as transmitem em 85 países. Em 1992, a Reuters fundiu sua agência com a Visnews e com alguns serviços noticiosos britânicos e, agora, fornece a maior parte das notícias internacionais para a NBC e a CBS nos Estados Unidos, assim como para a ITN e a cadeia Fox, da News Corp. A ABC, da Disney, obtém a maior parte de suas notícias internacionais da subsidiária que parcialmente lhe pertence, a WTN (Wordwide Television News, resultado da união, em 1985, da UPI e de velhas empresas de filmagem de notícias da Europa e da América do Norte) [...]. A cobertura de notícias internacionais no mundo que não fala inglês é controlada de forma igualmente fechada. [...] Um estudo feito em 1998 por Mohammed Musa revelou que a NAN, Agência de Notícias da Nigéria, obtinha mais de 37% de suas notícias estrangeiras da APU, da UPI e da Reuters; e só a Reuters era responsável por mais de um terço do total das notícias internacionais. Na Ásia, a maior empresa dos meios de comunicação é a News Corp, e há consenso de que a Sony domina as telas de televisão da América Latina. Isso não é pluralismo" (Mooney, 2002, p. 180-182).

O poder da mídia, identidades culturais e opinião pública

Embora as pessoas não sejam receptáculos passivos de manipulação ideológica, não se pode negar o poder social da mídia. Para Castells (1999), o poder real da TV está em armar os processos que se pretendem comunicar à sociedade – a política, os negócios, as artes – e também o poder de modelar a linguagem de comunicação societal. A informação, o entretenimento, a educação e a propaganda estão misturadas na linguagem televisiva. As frequentes mensagens e imagens de guerra real quase podem ser absorvidas como partes de filmes de ação, num efeito de nivelamento de conteúdo no espectador. A mídia pode afetar o consciente e o comportamento, como a experiência real afeta os sonhos; ela fornece os elementos para o imaginário das pessoas.

O imaginário social é o depositário do resíduo comportamental produzido em sociedade e se expressa mediante manifestações culturais, artísticas, folclóricas e dos meios de comunicação. Nele repousam as identidades culturais construídas, num fenômeno de consciência do homem em sociedade, somando com seus iguais e deles se distinguindo. Por exemplo, um *outdoor* com publicidade sobre o ensino superior pode veicular nosso imaginário. Na grande foto são dois homens e uma mulher, ela em primeiro plano, sorrisos passam comunicação entre eles, que caminham de forma descontraída. São trabalhadores executivos de terno e gravata, inclusive a mulher. Masculinizaram a mulher e a mensagem é de que fazendo um curso universitário ela compete em igualdade de condições no trabalho, ainda que a perda aparente de algo próprio – a feminilidade – seja o preço a pagar.

Os recursos comunicativos – escritos, imagísticos, televisivos, impressos, digitais, de expressão oral e outros – influenciam o comportamento das pessoas com ideias-força, no caso, do universo feminino. A esfera do trabalho reflete valores sociais e atribui papel secundário às mulheres, contribuindo para a reprodução das "imagens de gênero", ou seja, reforça a divisão do trabalho, estimula a segmentação ocupacional, cria barreiras ao acesso e permanência no emprego, oferece menores possibilidades de qualificação profissional e de ascensão profissional.

O que os meios de comunicação têm a ver com essa realidade? Por suscitarem e orientarem o comportamento social, eles reforçam e/ou aliviam a carga dos *preconceitos*, produzem justificativas contra ou a favor de atitudes discriminatórias. São disseminadores do que é processado no laboratório cultural e fazem emergir identidades sociais. Utilizando linguagem própria, os veículos de comunicação tecem crítica, incentivo ou denúncia às relações sociais impregnadas de circularidade. A mulher identificada com o trabalho administrativo no *outdoor* é apenas uma imagem a alimentar o imaginário e colabora para produzir uma identidade cultural.

Embora não tenhamos vivido intensamente uma guerra em território nacional, neste século XXI, temos um imaginário sobre ela construído pelas imagens do cinema e dos noticiários. Durante o século passado, a humanidade sofreu duas guerras mundiais, uma série de conflitos localizados extremamente violentos durante a ascenção do nazi-fascismo, a *Guerra Fria*, ditaduras civis e militares em muitos países. As imagens desses conflitos sangrentos, dos campos de concentração e de milhares de mortes em batalhas fizeram com que nos habituássemos a elas. Do ponto de vista ético, explica-se a banalização da violência como fenômeno social. No início das guerras, algumas televisionadas, as primeiras baixas são acompanhadas pelo público com certo horror, depois os frequentes números de mortos são aceitos sem maiores comentários. O mesmo acontece com genocídios, distantes da nossa realidade.

A mídia não é neutra; por vezes, exerce o papel de um quarto poder. A história do Brasil está recheada de exemplos do exercício desse poder. No plano da política, em anos recentes, a eleição de Collor de Mello para a Presidência; nos movimentos sociais temos os estereótipos do MST (Movimento dos Sem-Terra); e a formação de opinião. Algumas manipulações da mídia são identificadas sem esforço, outras, só o observador atento as percebe. O seu poder no mundo globalizado cria e recria imagens, forja realidades, produz consensos e fortalece o consumismo.

> "O marketing global encarrega-se de popularizar mercadorias e ideais, modas e modos, signos e símbolos, novidades e consumismos, em todos os países, culturas e civilizações. [...] Talvez se possa dizer que o que predomina na mídia mundial no fim do século XX [...] é a imagem. Com frequência, as outras 'linguagens' aparecem de maneira complementar, acessória ou propriamente subordinada à imagem. Tanto assim que a mídia apresenta aspectos e fragmentos das configurações e movimentos da sociedade global como se fosse um vasto espetáculo de *video-clip*. Sim, esta parece ser a 'multimídia' mais frequente, caracterizando um aspecto fundamental da cultura de massa na época da globalização. Ao lado da montagem, colagem, bricolagem, simulacro e virtualidade, muitas vezes combinando tudo isso, a mídia parece priorizar o espetáculo *video-clip*. Tanto é assim que as guerras e genocídios parecem festivais pop, departamentos de shopping center global, cenas da disneylândia mundial. Os mais graves e dramáticos acontecimentos da vida de indivíduos e coletividades em geral aparecem como um *video-clip* eletrônico informático, desterritorializado, entretenimento de todo o mundo" (Ianni, 1996, p. 184-185).

Para além de sua eficácia política, a utilização de meios de comunicação prende-se à seleção dos acontecimentos para divulgação e à necessidade de serem reconhecidos por diferentes instâncias da sociedade. Em outras palavras, os meios de comunicação de massa têm capacidade de formar opinião. A opinião pública não é somatório de opiniões, nem é um fenômeno amplo dentro da cultura. Não é homogênea e nem universal, porque se constitui a partir de um público determinado, vulnerável no sentido de ser atraído a causas sociais. A opinião pública tem feição de classe e, uma vez institucionalizada, corre o risco de se transformar em instrumento de poder.

Podemos pensar em opinião pública numa sociedade de massa? Embora o público seja mais restrito e seletivo e a massa seja mais difusa e dispersa, ambos independem do contato físico entre os indivíduos. No público, a condição de sua existência está na possibilidade de discutir sobre um objeto comum. O público, como uma manifestação social abstrata, é nutrido por informações que circulam e formam a opinião, e temos um exemplo quando a sociedade toma partido no julgamento de um assassino. Pensamos com Gomez (1982) em "sociedade de públicos", quando a opinião pública está próxima à de um produto, a uma visão do mundo. A opinião pública enseja soluções que serão ou não convertidas em realidade, pois, como afirma Habermas (1984), a ideia de público está intrinsecamente ligada à de "vontade política" da sociedade.

A opinião pública é um fenômeno social de crítica ao exercício do poder político, instância de pressão sobre os mecanismos de controle social. Para a eleição presidencial, no Brasil dos anos 1980, o movimento Diretas Já mobilizou diversas instâncias sociais de protesto, associações civis e sindicatos, envolvendo os meios de comunicação no processo político e estimulando o público a ter opinião sobre a necessária transição para a democracia no país.

As ideologias nossas de cada dia

Os fenômenos sociais e, sobretudo, as interpretações sobre eles estão eivados de elementos ideológicos. Um dos critérios de cientificidade está na consciência da visão de mundo que se tem e da própria ideologia que se explicita no ato de realização da ciência, pondera Morin (1994).

Uma das características da ciência clássica constituiu-se na dicotomia entre o objeto de estudo e o sujeito pesquisador. A separação do objeto do seu meio era a condição para o conhecimento ser objetivo. As ciências sociais procuraram utilizar os mesmos métodos da ciência natural, considerada objetiva, neutra, livre de juízo de valor. A garantia para o conhecimento científico estava no distanciamento do sujeito em relação ao objeto. Outro conhecimento era tido como senso comum. Não existe uma separação total, mas uma relação dialética entre sujeito e objeto do conhecimento; o sujeito que conhece a realidade é participante dessa mesma realidade.

O sociólogo faz parte da sociedade e tende a deformar a sua visão, daí a necessidade de confrontar o seu ponto de vista com o de outros membros da sociedade. Aquele que investiga não se encontra separado de sua visão de mundo, assim como o jornalista que recolhe a notícia e a elabora também o faz com base na sua visão de mundo, da linha editorial de seu jornal e do canal de televisão em que trabalha. As mídias são transmissoras de ideologia, por mais isentas que se proclamem. Através delas criam-se, entre outras, as ideologias da competitividade, do consumo, do sucesso a qualquer custo.

A ideologia prescreve normas, instiga os homens à ação. Não é uma abstração, nem está desligada do real. Ideias e representações concretizam-se e movem os interesses dos homens na forma de ideologia, analisa Araújo (2007). Logo, a ideologia é ação e tende a ignorar as especificidades dos fenômenos, a generalizar o particular, a ocultar as condições sociais desiguais. Francisco de Oliveira (1999), por exemplo, chamou de ideológica a vertente sociológica que vem "dando adeus ao trabalho", questionando a centralidade do trabalho para a organização da sociedade, porque desqualifica os trabalhadores e suas organizações num momento de ascensão do pensamento liberal, nas últimas décadas do século XX.

> Não existe uma única ideologia dominante, os enfrentamentos ideológicos e as contradições multiplicam-se à medida que a sociedade torna-se mais complexa.

A ideologia é um tema controverso nas ciências sociais e, ao mesmo tempo, exerce papel preponderante na reprodução da ordem social. Como afirma István Mészáros (1996), em nossas sociedades tudo está "impregnado de ideologia", percebamos ou não. Na sociedade ocidental, o sistema ideológico dominante apresenta suas próprias regras de seletividade, discriminação e até distorção sistemática como "normalidade", "objetividade" e "imparcialidade". A ideologia apresenta meias-verdades e promove uma inversão da realidade, detendo-se nos efeitos dos fenômenos, encobre as suas causas (Araújo, 2007). Apresenta-nos uma realidade sem contradições e permanece na aparência dos fenômenos, como quando o desemprego é tratado pela mídia como resultado da baixa qualificação dos trabalhadores e sua existência no país é vista pela falácia do "custo Brasil".

A ideologia reifica, isto é, dá vida humanizada a coisas inertes; exemplo: "o Brasil, comovido, assiste à final da Copa do Mundo de Futebol". Por meio da ideologia, as qualidades das coisas aparecem como seus atributos naturais (a política idônea dos partidos), por naturalizar aquilo que é social. Poderíamos ilustrar uma a uma as características da ideologia, apenas valendo-nos de manchetes dos meios de comunicação. No fim do século XX, os preceitos ideológicos neoliberais adotados por diversos governos, sobretudo na América Latina, afetaram os direitos dos trabalhadores, mas também constam em teorias que preconizam o fim do trabalho como componente organizativo da sociedade.

São exemplos de ideologias: a liberal, desde o século XVIII, e seu reaparecimento, o neoliberalismo, na Europa e América do Norte, depois da Segunda Guerra Mundial, como reação contra o Estado intervencionista e de Bem-Estar Social. Ambas se apresentam como proposições científicas, mas a realidade histórica tem mostrado que essas ideologias procuram vestir a roupagem de ciência, dificultando a compreensão dos fenômenos sociais.

> A palavra "ideologia", criada por Destutt de Tracy, no final do século XVIII, designava a ciência das ideias, uma disciplina cujo objeto seriam as ideias, como a Mineralogia tem nos minerais o seu objeto e a Geologia, a terra. Já, a concepção moderna de ideologia deve-se a Napoleão, que chamou de ideólogos os filósofos que se opunham às suas pretensões imperialistas. Nesse sentido, o termo ideologia passou a ser pejorativo, fugindo de sua natureza ontológica (teoria das ideias), ao depreciar a validade do pensamento do adversário, considerando-o irrealístico. O senso de realidade do político precedeu o cuidado científico do termo (Mannheim, 1976).

Desde o surgimento do termo "ideologia", por Destutt de Tracy, em 1801, usado com o significado de consciência das ideias, houve mudanças, assumindo um sentido associado a um pensamento distorcido da realidade. Marx e Engels (1984) referem-se à ideologia como uma inversão da realidade, que apresenta e vincula às classes dominadas a visão de mundo das classes dominantes. Ela não é falsa consciência, nem pura ilusão da realidade, mas produz efeitos de realidade, como um colchão que amortece o choque de impactos, analisa Araújo (2007).

Para a ciência, no entanto, a ideologia nasce quando Marx (1977a) afirma que o ser social determina a consciência. O desdobramento dessa concepção leva a aventar ser a razão a ideologia da classe dominante. Habermas (1975), mais recentemente, evoca o mito da razão ao questionar o desenvolvimento da técnica e da ciência, na era moderna, convertido em ideologia da racionalidade. A contextualização do desenvolvimento científico e tecnológico aponta ter seguido a linha do racionalismo positivista, como um instrumento de dominação de classe e, enquanto ideologia, pretende-se universal para garantir a homogeneidade e a coesão sociais.

Uma comunicação livre de ruídos é possível?

Segundo Mannheim (1976), um conhecimento é distorcido ou ideológico quando desconsidera novas realidades ao se aplicar a uma situação, tentando ocultá-las ou considerá-las categorias impróprias. Por exemplo, as mídias trazem muitas vezes um conhecimento ideológico, ao produzirem suas notícias descontextualizadas ou apenas mostrando fragmentos de realidades. Também são ideológicas as escolhas do tipo de notícia e de qual notícia enfatizar.

Que relação se estabelece entre comunicação e ideologia? Uma distorce a outra, necessariamente? O poder da ideologia dominante é indubitável, mas segundo Mészáros (1996), isso não se deve à força material e ao arsenal político-cultural das classes dominantes; tal poder ideológico prevalece graças à mitificação. Ao tornar mito um fenômeno, uma realidade, as pessoas podem ser induzidas a apoiar valores e políticas, que podem ser contrários aos seus próprios interesses.

Entre cientistas sociais renomados – Lazaresfeld, Merton, Wright Mills, McLuhan – a comunicação equivale a uma estrutura de sustentação das relações sociais. Pasquali (1973) defende que só existe sociedade se há possibilidade de comunicação, condição para a convivência, o com-saber, num estabelecimento de relações sociais com significado. Outras interpretações ficam presas a uma Sociologia de cunho funcionalista e endossam implicitamente o sistema social vigente. Elas supervalorizam os meios massivos de comunicação, quando é a transição do plano interpessoal para o plano da comunicação de massa, a qual se dá pela via das instituições, que contém a concepção de sociedade que é passada, reforçada, produzida pelos processos de comunicação.

> Em sua origem latina, *communicare* expressa a participação ativa de interlocutores (indivíduos ou grupos), que se associam, entram em contato.

A intersubjetividade deve ser considerada a condição *sine qua non* para a ocorrência da comunicação e nela estão contidas as relações de natureza estrutural, que supõem práticas sociais, em que se articulam aparatos de produção institucionalizados e de difusão ideológica. O indivíduo é o sujeito da ação social; contudo, indivíduos só existem através das relações sociais que estabelecem entre si, e estas ganham determinação própria em sociedade. A totalidade, ou seja, a sociedade tem uma lógica que não se exprime pelo simples somatório de seus componentes, os indivíduos. Não podemos reduzir a explicação do coletivo pelo individual. A perspectiva dialética de análise permite compreender como se compõem os níveis subjetivo (indivíduo) e objetivo (relações) na ação social, além de fornecer a dimensão histórica da comunicação.

Em sua teoria da sociedade, Habermas (1980) concebe o sistema social além do mundo vivido – aquele das experiências do cotidiano –, enfatizando a sua reprodução simbólica pelo processo de comunicação. Nesse processo, sujeitos capazes de linguagem e ação no mundo da vida entram em relação e articulam três componentes estruturais: a cultura (mundo atual dos artefatos, das coisas), a sociedade (mundo das normas) e a pessoa (mundo das vivências, das emoções subjetivas). A razão está presente no mundo vivido nesses três momentos. Ela é ação instrumental, segue regras técnicas e busca transformar o mundo objetivo. Na ação estratégica, de caráter social, os atores comunicam-se com o objetivo de alcançar poder ou influenciar o outro. Já a ação comunicativa envolve os três mundos e supõe interação, entendimento mútuo entre as partes.

Em sua teoria da ação comunicativa, Habermas (1980) mostra que as expressões da língua têm também caráter de ação, na medida em que falamos algo que não está na linguagem, mas no mundo. Sujeitos falantes reconhecem-se na reciprocidade das ações dando significação às palavras, ou seja, elas "representam algo". Encontram-se como parceiros participando das regras em jogo – atos de reconhecimento recíproco que tornam os agentes aptos para a linguagem e a ação.

Habermas está empenhado em estabelecer os fundamentos de uma nova razão crítica, autônoma, adaptada ao nosso tempo.

Nesse aspecto, pela comunicação, os agentes sociais tornam-se sujeitos através de sua competência comunicativa. Na constituição dessa intersubjetividade, Habermas aponta o interesse de emancipação social, no sentido de que a linguagem visa uma universalidade de direitos e o ideal de uma comunicação livre de coação, de pressões ou mal-entendidos. Mas esclarece: uma sociedade emancipada não consiste apenas em uma comunicação livre da dominação.

Existem áreas nas estruturas da sociedade capitalista que comportam reservas de racionalidade comunicativa. Caberia à teoria da ação comunicativa indicar caminhos para recuperar esses espaços perdidos. Segundo Habermas, a partir dessas esferas incólumes de racionalidade comunicativa, pode ser levada a luta contra o sistema, o Estado burocrático, as imposições de classe. A escola poderia ser um desses espaços sociais, com uma educação voltada a suscitar o espírito crítico e ensinar a colocar-se no mundo em relações de reciprocidade e respeito pelo outro. Neles, a racionalização do mundo da vida cancelaria relações de coerção e haveria superação da comunicação sistematicamente distorcida. A propósito, ouçamos o alerta de Umberto Eco:

> "Com o advento da era industrial e o acesso das classes subalternas ao controle da vida associada, estabeleceu-se na história contemporânea uma civilização dos *mass media*, cujos sistemas de valores deverão ser discutidos, e em relação à qual será mister elaborar novos modelos ético-pedagógicos" (Eco, 1987, p. 35).

Para reter o conhecimento

1) Relacione o aparecimento da comunicação de massa com as mudanças sociais.

2) O que é a indústria cultural e qual o seu papel na sociedade contemporânea?

3) Como é possível relacionar o desenvolvimento dos meios de comunicação de massa com o consumismo?

4) Situe as diferentes posições sobre o poder de manipulação da mídia.

5) Em que consistem as novas mídias? Que mudanças sociais vêm sendo produzidas pela revolução na informação das últimas décadas?

6) Como Philippe Quéau analisa a sociedade de informações?

7) Quais são as limitações para uma verdadeira democratização das informações? O aparecimento de novas mídias tem sido suficiente para assegurar o acesso à informação?

8) Como se relacionam as mídias com a disseminação de ideologias?

A realidade clama à ciência

Leitura 1: Galeano, 2006.

"A tevê dispara imagens que reproduzem o sistema e as vozes que lhe fazem eco; e não há canto do mundo que ela não alcance. O planeta inteiro é um vasto subúrbio de Dallas. Nós comemos emoções importadas como se fossem salsichas em lata, enquanto os jovens filhos da televisão, treinados para contemplar a vida em vez de fazê-la, sacodem os ombros. Na América Latina, a liberdade de expressão consiste no direito ao resmungo em algum rádio ou em jornais de escassa circulação. Os livros não precisam ser proibidos pela polícia: os preços já os proíbem" (Galeano, 2006, p. 152).

1) Qual é a crítica que Galeano explicita?

O olhar da Sociologia no mundo
Leitura 2: Sader, 2000.

"A passagem para um regime político liberal, regido pelos parâmetros eleitorais, consolidou o papel dos grandes meios de comunicação na fabricação dos consensos ideológicos. Em particular, da televisão, num país com baixíssimo nível de alfabetização, com vida cultural restrita a uma pequena elite, com circulação extremamente limitada dos jornais para a população do país, de conteúdo reservado a iniciados, com um sistema educacional que mal consegue manter as crianças e jovens em suas salas por algum tempo. [...] Nessas condições, a novela foi ocupando crescentemente o lugar da literatura; o 'Jornal Nacional', o lugar da leitura de jornais pouco interessados nos problemas que mais afetam à população" (Sader, 2000, p. 138-139).

1) Sader considera a televisão a grande fábrica de consensos. Discuta essa ideia.

Leia mais

COHN, Gabriel (org.). *Comunicação e indústria cultural*. 5. ed. São Paulo: T. A. Queiroz, 1987.
   Coletânea de textos clássicos na área de estudos sobre Comunicação.

DARNTON, Robert. *O beijo de Lamourette*: mídia, cultura e revolução. São Paulo: Companhia das Letras, 1990.
   História dos meios de comunicação, mostrando como o passado opera subterraneamente no presente, e análise de algumas fantasias do século XVIII, como amor e a morte.

ENZENSBERG, Hans. *Elementos para uma teoria dos meios de comunicação*. Rio de Janeiro: Tempo Brasileiro, 1979.
   Uma série de textos curtos traz à crítica questões teóricas da Comunicação.

STEINBERG, Shirley R. et al. *Cultura infantil*: a construção corporativa da infância. Rio de Janeiro: Civilização Brasileira, 2001.

Discute a infância pós-moderna e a saturação de informação, com análise de alguns programas, jogos eletrônicos, informações através da mídia.

Tela crítica

O QUARTO PODER. Direção de Costa-Gavras, Estados Unidos, 1998.

História de um desempregado que tenta reaver o emprego perdido e, nesse processo, a mídia cerca o personagem de tal maneira que o desfecho é trágico.

CIDADÃO KANE. Direção de Orson Welles, Estados Unidos, 1941.

Um clássico do cinema, o filme narra a investigação feita por um jornalista, para descobrir o significado das últimas palavras de um magnata das comunicações.

Poder e poderes nos poros da sociedade

Síntese deste capítulo

O poder é uma relação de forças, na concepção de Foucault. Para Weber, são três as formas de dominação: legítima, carismática e tradicional. A organização política em três níveis de poderes – Executivo, Legislativo e Judiciário – tem como base a ideia de que a concentração de poder leva a abusos, possíveis de serem evitados pela vigilância mútua entre os poderes. Ao longo da história, existiram diversos regimes políticos e ainda hoje coexistem ditaduras, teocracias e democracias de diferentes matizes. Uma democracia madura implica sufrágio ou voto popular, divisão entre poderes e princípios que visam garantir a vida, a igualdade e formas básicas de liberdade do cidadão. As formas de organização do Estado mudam ao longo do tempo. O Estado moderno apresenta diferenças em relação ao do passado: tem autonomia, distingue-se da sociedade civil, não há identificação entre o Estado e o governante. Não existe unanimidade sobre o papel social do Estado. O Estado brasileiro passou por transformações em termos de sistema de governo e quanto à condução da economia e das relações sociais. A ideia de cidadania conclama a responsabilidade política de cada um no âmbito dos direitos. O Estado-nação sofre alterações e é atravessado pelas abordagens políticas neoliberais, a partir das últimas décadas do século xx.

O poder presente nas microrrelações

A palavra mais repetida por alguns pais é "não" – não pode, não deve – enquanto educam e socializam seus filhos: "Não mexa aí"; "Isso não pode". Uma observação como essa certamente leva o filósofo francês **Michel Foucault** (1926-1984) a analisar o poder e suaviza o seu lado negativo, punitivo, repressor, de censura. Não o relaciona diretamente à figura do Estado, do Direito, do contrato, da violência. Foucault (1990) afirma que o poder está em toda parte e é falso defini-lo por dizer não e castigar. Alerta-nos para as positividades do poder como algo que transforma, é produtivo. Sua pesquisa reconstitui a história da penalidade e levanta a questão do poder sobre os indivíduos enclausurados, a forma como incide sobre eles, controlando-os, levando à docilização dos corpos.

Essa tecnologia própria de controle, no entanto, não era exclusiva da prisão, observou ele, mas podia ser encontrada em outras instituições como o hospital, a escola, o exército, a fábrica, o asilo. Vem daí a aproximação entre poder e panóptico, em que Foucault utiliza o desenho de uma prisão circular (*panopticon*), feito em 1791, por Jeremy Bentham (1748-1832), filósofo utilitarista inglês, no qual um só vigia poderia controlar todos os presos e também ser controlado. Essa onipresença caracteriza a moderna sociedade de controle, em que vigilância e disciplina são elementos importantes.

Foucault destaca que o poder não se localiza numa única instituição ou no Estado, nem pode ser concebido como algo que o indivíduo cede ao soberano, a um governo, enfim, porque ele é uma relação de forças. Sendo uma relação, o poder está em inumeráveis situações microssociais, ou seja, está na relação empresário e empregado, entre o homem e a mulher, o professor e o aluno, entre pais e filhos, dentro dos grupos sociais. O indivíduo, portanto, está atravessado por relações de poder. Como o poder também produz efeitos de verdade, cabe confirmar o fato de que toda forma de saber produz poder.

Foucault dá especial atenção à análise do discurso, ao considerar que o poder age através dos discursos, moldando as atitudes populares em relação a fenômenos como o crime, a loucura, a sexualidade. Em *Vigiar e punir*, Foucault (1977) trata da sociedade disciplinar, identificada a partir dos séculos XVII e XVIII, em que um sistema de controle social conjuga técnicas de classificação, seleção e vigilância multiplicadas numa rede de poderes capilares. Nessa dissecação do corpo social, os indivíduos são catalogados para melhor controle.

> O poder, exercido de forma celular, está presente nas microrrelações sociais.

As novas tecnologias de informação, em vista das facilidades que propiciam à vida moderna, exercem controle sobre seus usuários e criam formas suaves de controle social nem sempre percebido como tal. Se o exemplo inicial do frequente "não" dos pais nos remete ao mundo doméstico, aqui pisamos o terreno do real beirando a ficção científica do biopoder, dos dispositivos de segurança, da engenharia genética e tantos outros sistemas de regulação que nos tiram o sono, só de pensar no poder presente nos poros da sociedade.

Dominação em Max Weber

São múltiplas as formas de poder, bem como suas interpretações na Sociologia sob diferentes denominações – controle, influência, dominação, coerção. Poder é a capacidade de obter algo e isso implica condicionar, guiar, oprimir a vontade de alguém. Uma das possibilidades teóricas do conceito de poder é a probabilidade de um indivíduo ou de um grupo social ter sua vontade acatada por outro, mesmo com resistência. Essa é uma relação social assimétrica porque indica a imposição de um ator, seja um indivíduo, seja o Estado ou mesmo um grupo étnico.

> Todo poder é exercício e, quando exercitado, é política, pois poder é uma ação social.

A distinção entre um poder legítimo e um poder não legítimo é relevante pelo fato de o poder legítimo exercitar o seu domínio sobre outros com o reconhecimento daqueles que o obedecem e a ele se submetem. Já o poder não legitimado ocorre quando a violência é a razão da dominação e contém possíveis sanções negativas traduzidas em ameaças à integridade física das partes envolvidas. Weber (1977) é o teórico da dominação. Na medida em que autoridade e poder são fenômenos sociais que se integram, Weber classifica três formas de dominação: a) a legal, cuja fonte de poder é autorizada para o comando e o exemplo é o Parlamento que elabora as leis de todas as esferas reconhecidas a fazê-las cumprir; b) a carismática, que deriva do reconhecimento social de uma personalidade obedecida voluntariamente, como quando um personagem tem carisma e conduz a população; c) a tradicional, é a dominação que se apresenta respeitada no tempo e correspondente à ordem social; um exemplo pode ser a Monarquia.

Difícil é separar o poder político do poder econômico. O poder político tem no Estado o seu sujeito máximo, pelo fato de dispor de um aparato jurídico-administrativo para a distribuição dos recursos numa coletividade. Outros sujeitos políticos são as classes sociais, os partidos políticos, os sindicatos.

A base do poder econômico é a propriedade e nele o sujeito típico é a empresa, ocupada da gestão dos recursos econômicos – capital, tecnologia, meios de produção, patentes, certificações etc. Uma organização econômica, como são as modernas empresas transnacionais, difunde normas legais, que são meios potentes e sutis, ao mesmo tempo, de impor o respeito às normas, em si, privadas de autoridade, mas capazes de construir organizações eficazes. Um trabalhador desempregado, que não depende diretamente de nenhuma autoridade econômica, sente sobre si a opressão e o peso do poder econômico, difuso, concreto e valorizado na sociedade.

O poder que perpassa as grandes empresas no mundo contemporâneo cria novas formas de dependência e produz uma escravidão moderna, no sentido de submissão suave dos empregados aos ditames de produtividade, competitividade e lucratividade das corporações. Camuflado nas formas flexíveis de organização está um sistema de poder, constituído de três elementos: a "reinvenção descontínua de instituições"; a "especialização flexível de produção"; e a "concentração de poder sem centralização", que, conforme Sennett (2002, p. 54), podem ser questionados um a um, pois não produzem necessariamente os efeitos esperados e trazem consequências indesejáveis para os trabalhadores.

Em alguns casos, a propalada desconcentração de poder ou horizontalização de hierarquias não ocorre de fato nas empresas, pois os indivíduos ficam sujeitos aos novos sistemas de informação e aos altos administradores, que anulam as possibilidades de autonomia dos trabalhadores, agora controlados eletronicamente e não mais pela submissão cara a cara, comum em períodos anteriores.

Formas de governos e a organização dos poderes

Para compreender a realidade global do poder, é necessário situá-lo em termos de poder especificamente estatal, como este se desempenha na dinâmica política, recomenda Giles (1985). Desse modo, sua estrutura altera-se em função das disposições do grupo que está à testa do governo. Ao falarmos em poder, falamos de Estado.

> "O Estado é antes de tudo o poder institucionalizado e, por extensão, a própria instituição em que reside o poder, pois para agir necessita de recursos que só uma organização pode fornecer" (Giles, 1985, p. 23).

Quando falamos em Estado e poder, logo pensamos nos três poderes – o Executivo, o Legislativo e o Judiciário. Essa representação pode ser atribuída ao fato de que a cada quatro anos, caso tenhamos mais de 16 anos de idade, no Brasil, somos conclamados a escolher nossos representantes, mediante eleições com o voto direto, no município, no estado e no país. Isso significa a existência de uma democracia representativa – sistema político, em que as decisões a serem aplicadas nos âmbitos municipal, estadual e federal são tomadas não diretamente pelos seus cidadãos, mas pelos cidadãos eleitos como seus representantes.

Votamos naqueles que compõem o poder Executivo (prefeitos da cidade onde moramos, governadores do estado e presidente da República) e o poder Legislativo (vereadores, deputados estaduais, deputados federais e senadores). O terceiro poder, o Judiciário, no caso do Brasil, são funcionários de carreira, isto é, dependem de concurso público para ingressar nessa esfera, embora o exercício de algumas funções dentro de seus misteres envolva um jogo de relações políticas de que a grande maioria dos cidadãos não toma conhecimento. A forma de organização política, em três níveis de poderes, foi proposta pelo pensador iluminista francês **Montesquieu** (1689-1755), para quem a concentração de poder em uma só mão é ruim, pois quem o detém tende ao abuso. Vem daí a perspectiva da vigilância mútua entre os poderes.

> A palavra democracia, de origem grega, significa governo do povo (*demos* = povo e *kratos* = governo). No sistema de governo democrático, os indivíduos podem participar da vida política do país, ao eleger os seus representantes e participar de plebiscitos e referendos populares. O sistema de governo consiste no modo pelo qual o poder é constituído dentro de um país, seja monárquico ou republicano. Relaciona-se com a divisão dos poderes Legislativo, Executivo e Judiciário. O sistema de governo pode ser parlamentarista (caracteriza o regime que contém um chefe de Estado que representa o Executivo e um chefe de governo que representa o Legislativo: primeiro-ministro); presidencialista, (quando o presidente é o chefe de governo e o chefe de Estado) ou semipresidencialista, no caso misto, quando o primeiro-ministro (chefe de governo) e o presidente (chefe de Estado) compartilham da administração do país.

Embora plebiscito e referendo tenham o objetivo da consulta direta à população sobre temas específicos e considerados polêmicos, eles são distintos. Caracteriza um plebiscito uma consulta do Estado à população antes de uma lei ser sancionada pelos poderes Legislativo e Executivo, enquanto um referendo acontece quando existe um projeto já aprovado. Uma consulta popular realizada, em 2005, sobre armas de fogo foi o primeiro referendo realizado no Brasil. Já plebiscitos – manifestação de um querer popular –, tivemos dois. O primeiro em 1963, quando o então presidente João Goulart convocou uma eleição para o povo escolher se mantinha um regime parlamentarista ou desejava um regime presidencialista no país.

O segundo plebiscito foi realizado em 1993, quando a população decidiu, pelo voto, a forma de governo no Brasil: República ou Monarquia Constitucional e o sistema parlamentarista ou presidencialista. Há muitos registros de plebiscitos também na Europa e nos Estados Unidos. Um exemplo recente de referendo foi o realizado em Portugal, em 2007, quando se indagou à população: "Concorda com a despenalização da interrupção voluntária da gravidez, se realizada, por opção da mulher, nas primeiras dez semanas, em estabelecimento de saúde legalmente autorizado?" A população votou pelo sim, naquele país, o que reflete mudanças culturais em curso.

Como analisa Giles (1985), nas democracias liberais, o Estado é um Estado de partidos, isto é, apresenta dois (bipartidarismo) ou mais partidos (multipartidarismo). O partido político é a organização de grupos ou de parcelas do povo, que comungam os mesmos ideais e doutrinas políticas com vistas a conquistar o poder pela via da democracia eleitoral. Dessa forma, o Estado convive com a pluralidade de ideias e opiniões, de projetos e propostas políticas que tendem a expressar as diferentes posições ideológicas dentro de uma sociedade.

Além da democracia representativa analisada, outra forma é a democracia participativa ou direta: quando a população toma decisões diretamente sobre os diversos temas que lhe afetam. Os

Estados também podem se constituir como regimes autoritários: quando as decisões são tomadas por um indivíduo ou por um pequeno grupo; ou regimes totalitários, em que o Estado se coloca acima da sociedade, dos cidadãos. Nesses casos, é a sociedade que deve servir ao Estado e não o contrário, quando deve ser o Estado o responsável pelo bem comum. São exemplos de regimes totalitários, o Estado acima de tudo: o fascismo instalado na Itália, em 1922 (Mussolini); o nazismo, a partir de 1933, na Alemanha (Hitler); o Salazarismo em Portugal (1928-1973); o Franquismo na Espanha (1939-1975). Entre os regimes autoritários estão as ditaduras militares em diversos países da América Latina nas décadas de 1970/1980. Esses regimes políticos apresentam especificidades, próprias da história de cada país.

Ao longo da história, ocorreram regimes políticos o mais variados e ainda hoje coexistem ditaduras, teocracias (quando a religião e o poder político são indissociáveis) e democracias de diferentes matizes. Desde a Revolução Francesa (1789), destaca Jaime Brenner (1994), passou-se a definir os regimes políticos como de esquerda ou de direita. Os de esquerda são considerados como aqueles preocupados com a distribuição de renda e melhorias para a maioria da população, tendendo a limitar a iniciativa privada; e os de direita são os regimes que se pautam pela economia de mercado, contenção do poder do Estado e, de certo modo, hostis aos sindicatos e partidos. Identificamos na história regimes autoritários, caso das ditaduras e regimes nazifascistas, e os democráticos, característica dos países em que o povo escolhe seus governantes.

Na sociedade ocidental, acredita-se que a democracia seja a melhor forma de governo porque assegura a liberdade, o direito de ir e vir, a livre expressão, as lutas sociais, apesar das limitações que apresenta. Entre as críticas à democracia está a visão de que se restringe ao direito de eleger alguém, ou seja, apesar da legislação indicar que qualquer cidadão pode ser eleito, na prática não ocorre desse modo. Uma eleição exige condições e variáveis que não se aplicam a qualquer indivíduo, incluindo consideráveis recursos financeiros, que são em si um fator limitador para se chegar às diferentes esferas do poder político.

A democracia é uma conquista

Foram as revoluções burguesas no século XVIII, orientadas pelo movimento iluminista, que introduziram a ideia de participação coletiva. A partir daquele contexto, assegurava-se que o poder deixaria de ser pessoal – de um rei a quem se atribuía o direito divino – e seria considerado como emanando do povo e configurando-se como representativo. A legitimidade ou a aceitabilidade legal dos governantes, num regime político democrático, é concedida pelo voto dos cidadãos, cuja vontade passa a ser expressa em Constituições e leis. Mesmo nos países que mantiveram pós-revolução a Monarquia, o soberano teve que acatar e resguardar os preceitos constitucionais, os quais *a priori* representam a vontade política do povo. Dessa forma, o regime passa de absolutista para parlamentarista.

Em outros casos, a República (coisa pública) era estabelecida, de modo que o poder não era herdado e sim adquirido. Mesmo tendo sido vitoriosa a ideia da participação do povo, os governantes, legisladores e as elites trataram de restringir a participação da maioria pelo voto. O voto universal – quando todos os cidadãos, sem restrição de sexo, cor, partido ou religião podem votar e ser votados – foi uma conquista tardia em muitos países e, não raramente, com interrupções nas conjunturas de ditaduras civis e/ou militares. Mesmo nos países europeus, na primeira metade do século XX, as democracias liberais estavam restritas a poucos países, como a França, a Inglaterra e a Bélgica. A democracia ainda iniciava-se numa Europa bastante desigual econômica e politicamente, o que explica em parte, num contexto de crise econômica, a ascensão de regimes ditatoriais como o fascismo e o nazismo.

> Uma democracia madura e estabelecida implica necessariamente: o sufrágio ou voto popular, porque expressa a vontade da maioria; uma Constituição – Carta Magna de um país –, pois define direitos, atribuições dos indivíduos e do Estado, a relação entre ambos; a divisão de poderes – Legislativo, Executivo –, Judiciário; e princípios fundamentais (pétreos) que visam garantir a vida, a igualdade e as formas básicas de liberdade do cidadão, como a liberdade de expressão, de pensamento, de consciência, de reunião e de associação.

A história registra que a burguesia foi a classe mais beneficiada, nos diversos contextos políticos, por ter sido assegurada de modo predominante a ideia de que a propriedade é um direito adquirido e inalienável de cada cidadão. A maioria do povo, no entanto teve que lutar e se mobilizar pelos seus direitos. Nesse sentido, nenhum direito social, assistência do Estado, direitos do trabalho e ao trabalho, foram concedidos gratuitamente, sem uma ação política da sociedade, especialmente dos menos favorecidos.

A própria democracia é uma conquista, ainda não completamente consolidada em diversas partes do mundo. Embora existam opiniões divergentes sobre as condições necessárias para a democracia, destacamos que a sua consolidação depende substancialmente da redução dos níveis de desigualdade social, da miséria, do analfabetismo, da possibilidade de acesso aos bens sociais e culturais produzidos socialmente. Sem essas condições basilares, a democracia é uma figura de retórica.

O Estado moderno

A forma de Estado, tal como conhecemos e sob a qual vivemos, denominada Estado moderno, nem sempre existiu. No *Dicionário Aurélio* (1975), o Estado é o "organismo político administrativo que, como nação soberana ou divisão territorial, ocupa um determinado território, é dirigido por um governo próprio e se constitui pessoa jurídica de direito público, internacionalmente reconhecida". Envolve, portanto, um território, um povo e um poder político – dominação sobre os homens – englobando o conjunto das instituições (governo, Forças Armadas, funcionalismo público etc.) que controlam e administram uma nação (a máquina política do Estado), conforme Houaiss e Villar (2001).

O Estado unitário dotado de poder próprio, independente de outros poderes, emergiu inicialmente na França, na Inglaterra e na Espanha, na segunda metade do século XV. Mais tarde, alastrou-se para outros países, porém não de modo universal. Diversos povos indígenas da África e da América, por exemplo, desconheciam completamente esta forma de organização política.

O Estado moderno apresenta desde seu nascimento, segundo Luciano Gruppi (1980), elementos que não existiam e que o diferem dos Estados do passado, como os Estados antigos dos gregos e dos romanos. Também, o Estado moderno distingue-se do Estado na Idade Média, quando o Estado era propriedade do senhor, um Estado patrimonial, no sentido de ser patrimônio do monarca, do marquês, do conde, do barão. O senhor da terra era dono do território, bem como dos homens e bens que nele se encontravam, e podia dispor de tudo a qualquer momento, como se fosse uma área de caça reservada. O Estado moderno, entretanto, avançou; tem características próprias.

> A primeira característica do Estado moderno é a autonomia, ou seja, a plena soberania do Estado que faz sua autoridade não depender de outra autoridade. Como segunda característica tem-se a distinção entre Estado e sociedade civil, evidenciada no século XVII, principalmente na Inglaterra, com a burguesia. O Estado torna-se uma organização distinta da sociedade civil, embora a expresse. E uma terceira característica diferencia o Estado moderno daquele da Idade Média, uma vez que a identificação absoluta entre o Estado e o monarca não é encontrada no Estado moderno (Gruppi, 1980).

Quando, no Estado moderno, a sociedade política está completamente separada da sociedade civil, a primeira se confunde com o Estado a ponto de submeter-lhe os atores sociais, como verdadeiros reféns dos particularismos e interesses dos próprios políticos, alerta Touraine (1996). Isso acontece se a sociedade civil é fraca, ou seja, grupos e organizações voluntárias são pouco representativas. Se, no entanto, a sociedade civil articula-se bem na esfera pública, pressiona em direção a determinadas opções políticas e produz estruturas institucionais que favoreçam o exercício da cidadania.

O Estado moderno é uma construção social e apresenta-se de distintos modos nos diversos países. Na Europa Ocidental, verificamos o Estado social ou Estado de Bem-Estar Social, que resultou das lutas sociais e da conjuntura econômica e política mundial marcada pela *Guerra Fria* (1947-1989); no Irã, subsiste uma teocracia, isto é, o poder do Estado nas mãos de líderes religiosos. Se os Estados são diferentes entre si, no conjunto dos países que compõem os cinco continentes, observamos também que o próprio Estado passa por mutações importantes num mesmo país. O exemplo mais próximo são as mudanças ocorridas no Estado brasileiro, desde a sua constituição como um país independente.

Metamorfoses no Estado brasileiro

Ao passearmos pela história, observamos as muitas mudanças pelas quais passou o Estado brasileiro. Chamam a atenção os processos que levaram o povo a se manter distante da política de modo sistemático. Só recentemente, a partir de 1985, o Brasil retomou o caminho da democracia. A Monarquia (1822-1889) representou a culminância de uma política habilmente exercitada pelos proprietários de terras e donos de escravos. A participação política da maioria do povo era restrita, somente os que tinham posses podiam participar das eleições. Com determinada soma em dinheiro, votar era possível e um valor maior favorecia quem quisesse se candidatar. Após esse período, ou seja, quando foi estabelecida a República em 1889, a exclusão da maioria do povo das eleições acontecia porque as mulheres e os analfabetos (cerca de 70% da população), soldados e sacerdotes não tinham o direito de votar ou de serem votados.

Nessa época, como não havia Justiça Eleitoral, os chefes políticos locais – os coronéis – mandavam e desmandavam conforme lhes conviesse. Autores como Raimundo Faoro (1975) afirmam que o Estado brasileiro era patrimonialista, isto é, de domínio dos fazendeiros, como uma extensão de suas terras (patrimônio). O voto não era secreto e nem obrigatório, o que tornava mais fácil o domínio das oligarquias rurais, encarregadas de recrutar e alistar seus eleitores. Por essas razões, ficou conhecido como o "voto de cabresto". A política econômica atendia predominantemente aos interesses agrário-exportadores, o que remete a uma industrialização tardia.

> A economia brasileira, a partir de 1930, passa por grandes modificações, tanto na agricultura quanto na instalação de indústrias de base, além do Estado reorganizado.

O desenvolvimento industrial teve duas importantes características: o forte intervencionismo estatal e o nacionalismo econômico, nos anos 1930. O governo criou a Companhia Vale do Rio Doce, a Companhia Siderúrgica Nacional, a Fábrica Nacional de Motores etc. As empresas públicas em setores como os do ferro e aço, da energia elétrica, da química pesada e da produção de motores objetivavam resguardar setores estratégicos da economia. Ao fornecer serviços a preços mais baixos e diminuir o custo das mercadorias, incentivavam o desenvolvimento de empresas privadas no país. Na agricultura, a diversificação tinha a finalidade de reduzir a dependência exagerada da exportação de um produto, o café. A partir de 1938, a renda da produção industrial já ultrapassara a gerada pela agricultura.

A reorganização do Estado brasileiro com a chamada Revolução de 1930 ocorre pelas medidas tomadas por Getúlio Vargas visando desmontar o poder das oligarquias cafeeiras. Uma Constituição democrática promulgada em 1934 assegura direitos políticos para a população, interrompidos em 1937, com a ditadura do Estado Novo. Com o governo Vargas tem início o populismo, uma criação política de países da América Latina. O que é um Estado populista?

"O populismo é a forma de fazer política que pretende estabelecer uma relação direta entre governante e governados, ou seja, o político populista despreza as instituições políticas, os partidos e as formas de organização da sociedade civil. É um poder que se baseia na tutela e no favor. O populista exerce sobre os governados uma dominação carismática. Ele personifica e encarna o poder, porque este não se realiza através de mediações político-sociais como as instituições, os partidos etc. Por isso é uma forma de autoritarismo", analisa Ribeiro e Anastasia (1996, p. 26). Geralmente, o populismo se desenvolve em sociedades em transformação de uma economia rural para uma economia urbano-industrial. No Brasil, na Argentina ou no Peru, completa Carvalho (1995, p. 93), "o populismo implicava uma relação ambígua entre cidadãos e governo. Era um progresso na medida em que atraía as massas para a política, mas em contrapartida colocava os cidadãos em uma posição de dependência frente aos líderes, aos quais consagravam sua lealdade pessoal pelos benefícios conseguidos. Essa anteposição fazia com que os direitos não fossem considerados direitos, algo independente da atuação do governo, mas um favor que reclamava gratidão e lealdade. Daí se originava uma cidadania incompleta e falsa".

O colapso do populismo brasileiro, segundo a historiografia, ocorre em 1964, quando um golpe militar institui um Estado ditatorial e repressor, com a suspensão dos direitos políticos e o controle sobre a sociedade brasileira. Vejamos uma síntese das alterações políticas do Estado brasileiro no Quadro 4.

Quadro 4 – Políticas do Estado brasileiro

Período	Regime de governo	Sufrágio	Características
1822-1889	Monarquia	- Censitário (pela renda)	- Poucos votavam
1889-1930	República Velha	- Voto universal masculino, acima de 21 anos. Exclusão dos analfabetos	- Poucos votavam - Domínio dos fazendeiros - Eleições controladas pelas oligarquias estaduais
1930-1945 1937-1945	República (Getulismo)	- Universal – inclusão do voto feminino; mantém exclusão de analfabetos	- Governo central forte - Populismo - Ditadura do Estado Novo
1945-1964	República	- Idem	- Democracia liberal - Populismo
1964-1985	República	- Idem	- Ditadura Militar - Governo central forte
1986	Nova República	A partir de 1988, analfabetos com direito a votar	- Democracia

Fonte: VICENTINO e DORIGO, 1997. Elaboração das autoras.

O povo brasileiro, no período que antecedeu ao golpe militar de 1964, encontrava-se num franco processo de mobilização política para a ampliação de direitos. A ditadura interrompeu essa escalada de conquistas e impôs o silêncio, a repressão, as torturas, o controle dos sindicatos de trabalhadores e das organizações partidárias. Diversos intelectuais que pensavam o Brasil foram exilados. Do ponto de vista econômico, as conjunturas eram ora de crescimento, ora de crise, sem melhorias para o conjunto da classe trabalhadora.

O Estado brasileiro alternou-se entre democracia e ditadura. Mesmo nos períodos de relativa democracia, as práticas populistas, as relações autoritárias e a violência foram marcas mais ou menos constantes, que contribuíram para uma cidadania tardia no Brasil. O fim da ditadura militar, em 1985, foi resultado de um amplo processo de luta social pela redemocratização do país. Um conjunto de mudanças culminou na Constituição de 1988, que buscou assegurar uma cidadania substantiva: a liberdade individual, a democratização, a proteção social, o combate à discriminação.

O sistema de proteção social pretendido nesta Constituição tinha o propósito de superar o legado do período autoritário e universalizar a oferta de serviços públicos e direitos sociais. A presença do Estado seria fundamental para atender o "núcleo duro" da proteção. Houve a ampliação do poder Legislativo e do Judiciário. O Ministério Público recebeu a incumbência de assegurar o cumprimento dos direitos de cidadania garantidos em lei, inclusive o de atuar nos casos de omissão do Estado. Algumas iniciativas foram tomadas nesse sentido: a partir de 1993, a universalização da saúde com a criação do SUS; revitalização da assistência social, com a Loas (Lei Orgânica da Assistência Social) e a regulamentação do Fundo Nacional de Assistência Social (Di Giovanni e Proni, 2006).

A crise econômica, no final dos anos 1980, agravou a situação social no Brasil e reduziu a margem de ampliação dos gastos públicos em programas sociais. A partir do início dos anos 1990, tomou corpo um discurso neoliberal e muitos dos avanços arduamente conquistados no campo social foram contidos pelas políticas econômicas do governo federal. Uma nova metamorfose acontece no Estado brasileiro, não no que diz respeito ao direito de votar e ser votado, que inclusive se amplia, mas no que diz respeito ao papel do Estado.

A Constituição de 1988 assegurou a velha articulação entre o Estado e o mercado no momento em que o *processo de transnacionalização* e a ideologia liberal ganhariam uma dimensão mundial, em vista do fim do socialismo na URSS. Os governantes procuraram eliminar os resíduos do Estado varguista, a partir de 1995, e construir novas formas de regulamentar o mercado, conforme o multifacetado sistema de ideias do liberalismo econômico moderado. São recomendações desse ideário: o Estado transferir suas ações empresariais para a iniciativa privada; expandir suas funções reguladoras e suas políticas sociais; as finanças públicas devem ser equilibradas e devem ser modestos os incentivos diretos às companhias privadas; privilégios existentes entre os servidores públicos devem ser restringidos; e o país deveria intensificar sua articulação com a economia mundial, embora priorizando relações com os países do Mercosul e demais países sul-americanos (Sallun, 2003).

A tônica era seguir os preceitos de um Estado mínimo, não interventor e, principalmente, facilitador do mercado. Desse modo, o Estado promove um processo de abertura na economia brasileira, segundo Tauile (2001), em que os segmentos industriais com predomínio do capital nacional, despreparados para enfrentar a concorrência internacional, foram atingidos. O resultado foi o desaparecimento de inúmeras empresas ou a absorção por empresas estrangeiras. Isso levou à tese de que houve desnacionalização da economia, uma vez que centenas de empresas e setores econômicos, inclusive estratégicos para o país, passaram a ser controlados por empresas transnacionais.

Estado nacional contemporâneo: neoliberalismo, política e economia

As mudanças no Estado brasileiro, nos anos 1990, são decorrentes da crise econômica e política e das transformações no cenário internacional. Uma das mudanças diz respeito ao Estado e ao seu papel na sociedade contemporânea globalizada. Passou-se a questionar o Estado, sobretudo o Estado social, cujas medidas protecionistas, segundo setores liberais, emperravam a economia. A pregação em torno de um Estado mínimo adquiriu força e norteou as políticas econômicas de diversos países. Dessa forma, nas décadas de 1980 e 1990, segundo Harvey (1993), uma onda neoliberal voltou-se contra o Estado do Bem-Estar Social, os trabalhadores e os sindicatos, levando ao extremo a acumulação do capital, através da competição internacional, reestruturação produtiva, flexibilização da legislação do trabalho, inovação tecnológica etc.

Nesse processo, a autonomia dos Estados nacionais foi questionada pelos atores econômicos e por parcelas da sociedade civil, analisa Dupas (2005). O poder político viu-se pressionado pelas exigências de um Estado minimalista (pouco intervencionista) e a obrigação de baixar os custos de produção (inclui-se aqui o custo do trabalho) para atrair o grande capital. Observemos, no Quadro 5, o papel do *Estado-nação* e do Estado numa perspectiva neoliberal, nas esferas jurídicas, políticas, econômicas e sociais.

Quadro 5 – Atribuições do Estado-nação e do Estado neoliberal

Dimensões	Estado-nação	Estado neoliberal
Jurídica	Manutenção da ordem social Fonte de legalidade Contrato social	Legalidade/aparato repressivo e policial Precariedade do contrato social
Política	Defesa Soberania/território/relações externas Governabilidade	Mudança no referencial de defesa e de soberania (com restrições à migração de trabalhadores, políticas de incentivos ao capital internacional etc.) O senso de Estado se desloca para nova estrutura de poder: mercado Governabilidade ligada à nova ordem mundial (relacionada a organismos econômicos e políticos mundiais) Poder supranacional Poder das transnacionais e grandes corporações
Econômica	Regulação das políticas cambiais, administração das dívidas interna e externa, agenciamento de políticas para o comércio externo Regulação das relações trabalho e capital Financiamento e administração de setores estratégicos, tais como pesquisas tecnológicas, energia, transporte, comunicação etc.	Relações econômicas marcadas pela transnacionalização do capital Flexibilização das relações de trabalho Privatizações Abertura de mercados Desregulamentação de mercados e do trabalho Redução de impostos
Social	Pleno emprego Garantias e proteção ao cidadão, por meio de políticas públicas para a saúde, moradia, educação, previdência, seguro-desemprego entre outras. Mediação das relações de cidadania	Tendência a deixar de ser provedor de serviços à população Restrição de políticas públicas Privatização de serviços públicos Confusão entre esferas pública e estatal Perda da noção de coletivo, de comunidade, do bem comum Ausência de políticas geradoras de emprego

Fonte: Elaboração das autoras, 2008.

Na nova ordem social, denominada na literatura por *globalização*, as organizações supranacionais (acima das nações) reguladoras, como o FMI (Fundo Monetário Internacional), Banco Mundial e outros organismos internacionais, buscam subordinar e condicionar as economias dos Estados, sobretudo periféricos, reduzindo a autonomia e a soberania dos países. Pelo fato de os países usarem suas divisas para investir em todo o mundo, diz-se que estamos diante da globalização do Estado (*Carta Capital*, 2007, p. 46).

Em verdade cresce o poder das empresas transnacionais/megaempresas e fica diluído o poder do Estado, segundo Dreifuss (1996). O desenvolvimento das corporações está relacionado ao processo de reconstrução do Estado e da economia, ou seja, o Estado é pressionado a facilitar a circulação do grande capital pelo mundo, produzindo condições ótimas de atração de capital financeiro (aplicação nas Bolsas de valores) e produtivo (fábricas). O que são condições ótimas? Entre elas, estão: a mão de obra de baixo custo e qualificada, as relações de trabalho flexíveis e a infraestrutura.

O contraditório nessa lógica é que, ao mesmo tempo em que estimula a liberdade plena ao mercado, atua no sentido de favorecer o capital transnacional, com políticas de incentivos e atração. Citamos o embate entre o governo no Rio Grande do Sul e a Ford, nos anos 1990. Essa indústria multinacional pressionava para obter incentivos e financiamento público para se instalar no estado. Diante da recusa do governo local, a empresa instalou-se em outro estado da federação, valendo-se de benefícios. O Estado tem sido objeto de disputa entre o capital e as classes sociais mais vulneráveis, que precisam da atuação do Estado a seu favor.

Quanto às relações entre o Estado e o mercado, não existe unanimidade sobre o papel do Estado na economia. Os liberais defendem a não-intervenção, enquanto os keynesianos acreditam que o Estado tem o papel de intervir na economia, de intermediar conflitos e buscar submeter o mercado à política. Para os setores que defendem a não-intervenção do Estado na economia, um exemplo que se contrapõe a essa disposição está na crise imobiliária norte-americana de 2008. Com a perspectiva de recessão econômica, o Estado é obrigado a interferir. O governo devolveu parte dos impostos aos contribuintes para aquecer o mercado, além de adotar medidas para evitar uma crise de maiores proporções, indicando que o Estado continua tendo um importante papel, inclusive na condução da economia, apesar das pregações contrárias.

Em contraposição às forças da globalização, acirram-se as disputas por territórios que significam também a busca pela afirmação de identidade e de identidade étnica, como demonstram inúmeros conflitos ocorridos com os kosovares albaneses, na região balcânica; os tchetchenos, no Cáucaso; os timorenses, no Timor Leste, entre outros. Há movimentos que se contrapõem à globalização homogeneizadora, pois, se as decisões são tomadas num plano supranacional e global, as ações políticas ocorrem em nível local, em que são vividos e sentidos os seus efeitos.

> "[...] a soberania do Estado-nação não está sendo simplesmente limitada, mas abalada pela base. Quando se leva às últimas consequências 'o princípio da maximização da acumulação do capital', isto se traduz em desenvolvimento intensivo e extensivo das forças produtivas e das relações de produção, em escala mundial, [...] atravessando territórios e fronteiras, nações e nacionalidades. Tanto é assim que as organizações multilaterais passam a exercer as funções de estruturas mundiais de poder, ao lado das estruturas mundiais de poder constituídas pelas corporações transnacionais. É claro que

> não se apagam o princípio da soberania nem o Estado-nação, mas são radicalmente abalados em suas prerrogativas". Assim como a cidadania tem sido tutelada, regulada ou administrada, também as estruturas globais de poder são levadas a limitar e orientar os espaços da soberania nacional. (Ianni, 1995, p. 34).

O favorecimento do mercado pelo Estado implica, muitas vezes, redução de seu papel no âmbito da cidadania e de assegurar direitos sociais conquistados. Na prática, as mudanças do Estado para uma perspectiva neoliberal redundam em redução da proteção e das garantias sociais aos indivíduos e de serviços básicos.

Políticas públicas e cidadania

É no âmbito social que mais se fazem sentir as mudanças em relação à ação do Estado. Houve uma fragmentação dos princípios orientadores das políticas de proteção social, entre elas, as políticas de emprego e renda, previdência, saúde, educação e assistência social. Ampliaram-se as privatizações de serviços básicos, que eram, fundamentalmente, responsabilidade do Estado, como saúde e educação e a relativização na ideia de direitos sociais. A proteção social passou a ser identificada com assistência social – destinada a grupos vulneráveis e excluídos –, quando historicamente diz respeito a direitos básicos assegurados a todos os cidadãos.

O reconhecimento e a expansão dos direitos são parte da longa história de democratização, entendida como aquisição por parte das classes subalternas dos direitos originalmente criados pela e para as classes dominantes. Nesse processo, Marshall, em sua obra de 1949, *Cidadania e classe social*, reconhece três gerações de direitos de cidadania: a) direitos civis, que correspondem aos direitos necessários para o exercício da liberdade, originados no século XVIII; b) direitos políticos, que datam do século XIX e garantem a participação ativa e passiva dos indivíduos no processo político; c) no século XX, os direitos sociais de cidadania, que equivalem à aquisição de um padrão mínimo de bem-estar e segurança sociais que deve prevalecer na sociedade, como exposto por Vieira (2001).

A ideia de cidadania conclama a responsabilidade política de cada um, defendendo a organização voluntária de vida social contra as lógicas não políticas tidas como "naturais", do mercado ou do interesse nacional. A cidadania não pode ser identificada com a consciência nacional nem com a nacionalidade. Estas criam uma solidariedade dos deveres, enquanto a cidadania dá direitos, afirma Touraine (1996).

> A cidadania decorre da pertença a um Estado-nação e é a afirmação de igualdade entre os indivíduos, equilibrando direitos e deveres.

Adverte Dupas (2005, p. 185) que o conceito de cidadania engloba o enfrentamento da complexidade e os conflitos por direitos, presentes em uma sociedade perpassada pela "multiplicação das desigualdades sociais. A condição essencial para a prática da cidadania é a explicitação dos conflitos e a sua mediação pela sociedade política. Cidadania adquire-se por cooperação, negociação, convergência de interesses e tentativa de apaziguamento dos conflitos inerentes à sociedade contemporânea".

Um Estado moderno, que vise ao bem-estar social, requer a adoção de políticas públicas. Essas consistem no conjunto de políticas sob responsabilidade do Estado, visando atenuar problemas sociais, garantir condições mínimas para as populações carentes e assegurar proteção social, constituída como direitos sociais pela Constituição, dentre os quais saúde, educação, assistência social etc. As políticas públicas tanto podem ser compensatórias, quando destinadas a grupos sociais que foram afetados na história de um país, como os indígenas e os negros, quanto podem ser emancipatórias, se dirigidas à sociedade como um todo, expressas no direito ao trabalho, a condições dignas de moradia, entre outras.

A redução do papel do Estado, ou a sua quase ausência, produz efeitos perversos na sociedade. Uma das consequências sentidas pela desproteção social, sem dúvida, tem sido o crescimento da violência em diversos níveis. O desinvestimento do Estado em áreas básicas leva esse mesmo Estado a ter que ampliar o seu aparato policial e repressivo. Os grupos mais atingidos pela ausência de Estado são as populações das grandes cidades, moradoras de favelas ou bairros pobres. Diversos estudos sociológicos vêm mostrando que não existe vácuo de poder. Os espaços onde o Estado deveria atuar com ações políticas e sociais passam a ser ocupados por milícias e grupos organizados ligados ao narcotráfico, que tomam como refém a população desses locais, tal qual vem ocorrendo na cidade do Rio de Janeiro, nos anos 2000.

Interpretações sobre a natureza do Estado

O papel do Estado na sociedade capitalista é complexo, devido às contradições que o engendram. Hoje ele apresenta um papel relevante tanto para assegurar direitos sociais quanto desempenha o papel de resguardar o direito à propriedade e às riquezas produzidas socialmente, a fim de que possam ser apropriadas individualmente. Apesar de tão criticado, o Estado é objeto de disputas pelos grupos e classes sociais, a ponto de existir interesse dos donos do capital em assegurar a vitória eleitoral daqueles que possam representá-los no aparato do Estado; para isso financiam campanhas, partidos e políticos. As contradições fundamentais do capitalismo envolvem o Estado, por estar no jogo das relações entre os indivíduos, os grupos e as classes sociais, analisa Ianni (1982).

Em seus escritos, Marx observa que o Estado nem paira sobre a sociedade civil, nem exprime a vontade geral, mas o concebe como uma superestrutura em que o poder organizado de uma classe social dominante faz valer os seus interesses, contribui Ianni (1979). Marx pensa a estrutura da sociedade como constituída por níveis articulados de forma específica: a base e a superestrutura, ilustrada pela metáfora clássica de um edifício, cuja base, denominada infraestrutura, comporta a unidade de forças produtoras e relações de produção, à qual se sobrepõe uma superestrutura composta das instâncias inter-relacionadas: jurídico-política (o Direito e o Estado) e ideológica (as ideologias religiosas, a moral, a ciência, a filosofia etc.).

Figura 5 – Superestrutura x base – Marx

Os diferentes níveis na figura acima são articulados e interdependentes. Os fenômenos econômicos, políticos e culturais são de difícil distinção pelo fato de serem simultâneos. Um fenômeno econômico engendra políticas adotadas pelo Estado, com desdobramentos socioculturais. O consumismo, o individualismo, por exemplo, condensam comportamentos e expressam valores oriundos de uma lógica política contemporânea. O consumismo é fruto das estratégias mercadológicas e de comunicação adotadas pelas empresas. A indústria modifica padrões de beleza, hábitos alimentares, estilos de moradias e comportamentos individuais e sociais.

O fato de dizer que o Estado é uma superestrutura, afirma Gruppi (1980), não significa que seja uma dimensão supérflua, tampouco significa separar o Estado da sociedade civil, pois em verdade, o Estado é um elemento essencial da estrutura econômica, justamente porque a garante. Nesse sentido, o Estado apresenta todo um aparato jurídico e mesmo repressivo para que as relações econômicas aconteçam.

A complexidade do Estado também diz respeito às teorias que explicam tanto o seu aparecimento histórico quanto a sua natureza – aquilo para o qual ele se presta. Por isso, as interpretações sobre o Estado são distintas e, por vezes, discordantes. Por exemplo, para Poulantzas (1977), o Estado é uma relação de poder entre classes e frações de classes, ele não é um bloco monolítico por apresentar-se dividido pelas contradições de classes.

> O poder de Estado corresponde ao poder de uma classe determinada, cujos interesses, por vezes, confundem-se com os do Estado.

Poulantzas (1977) designa poder a capacidade de uma classe social de realizar os seus interesses e objetivos específicos. No Brasil do início do século XX, os cafeicultores constituíam uma classe que fazia valer os seus interesses econômicos no interior do aparelho de Estado, a ponto deste, no Convênio de Taubaté, em 1906, comprometer-se a comprar o excedente da produção para valorizar o preço. Outro exemplo: a guerra dos Estados Unidos contra o Iraque, neste começo de século, atendeu a interesses econômicos ligados ao setor petrolífero e à indústria de armamentos. Poderíamos desfiar outras ações do Estado em favor de grupos econômicos e em detrimento da maioria da população de um país, basta ler os noticiários dos jornais e acompanhar as notícias econômico-políticas. Na teoria marxista, o governo, a administração, a Polícia, o Exército, os tribunais, as prisões etc., em seu conjunto, compõem o aparelho de Estado.

Na análise de Ianni (1982), o Estado não é somente um órgão de classe dominante, pois ele responde também aos movimentos do conjunto da sociedade e das outras classes sociais, agindo conforme as determinações das relações entre as classes. O Estado foi e continua sendo crucial para o desenvolvimento capitalista, modificando-se no tempo e nos diferentes espaços. Nesse processo, o Estado converte-se às vezes em força social, orientado para interesses particulares, afirmam Sonntag e Valecillos (1979), mas é certo que se encontra em meio ao jogo de interesses sociais.

Embora falemos em poder do Estado, o poder não se identifica nem se reduz ao Estado. As relações de poder, que são relações de classe, necessitam de instituições que as reproduzam, e entre estas, estão a escola, a família, a igreja, a comunicação. Althusser (1970) as denomina aparelhos ideológicos do Estado, pelo fato de desempenharem funções ideológicas de repressão física ou simbólica. Como faces de um mesmo fenômeno, o poder e a ideologia são exercidos por organizações formais, como o Estado e as instituições da sociedade civil, mediante símbolos e práticas sociais.

Existem relações de poder que perpassam outras dimensões, como exemplo: a divisão social do trabalho. Porém, enquanto poder, o Estado interfere, condiciona e media as relações sociais. Cada vez mais o Estado é conclamado a intervir, inclusive em situações antes consideradas de exclusivo âmbito privado, como nas relações homem- -mulher, pais e filhos. A delegacia da mulher, criada em diversas cidades brasileiras, por exemplo, cumpre o papel de intervir quando a mulher sofre violência imposta pelo marido. Também ainda não é totalmente aceito o fato de a mulher ser o "cabeça do casal", isto é, que tenha o poder na família, como expressa o novo Código Civil brasileiro, modificado em 2002.

> "O poder nas *relações de gênero* homens-mulheres é, sem dúvida, heterogêneo às relações de classe, e não deixa de ser investido e reproduzido, entre outros, pelo Estado (mas também pela empresa/ fábrica), como relação de classe. O poder de classe o atravessa, utiliza, multiplica; em suma, consigna-lhe sua significação política" (Poulantzas, apud Silveira, 1984, p. 92).

Mesmo nas relações consideradas de âmbito privado, o Estado tende a interferir quando há perigo, situação de violência ou os direitos não são respeitados. A criança, antes restrita ao domínio privado, tem direitos legais, que devem ser assegurados pela família; quando esses direitos são afetados, cobra-se uma ação do Estado. Na medida em que os direitos são estabelecidos, sejam do homem, dos demais seres vivos e da natureza, cabe uma ação de garantia de que o direito será respeitado. Nesse sentido, suas ações são de coibir, coagir e punir; o Estado é uma instituição que exerce o controle social; seu papel coercitivo sempre foi ressaltado.

No conjunto de suas obras, Gramsci (1990) demonstra que o Estado tinha um papel importante nos campos cultural e ideológico, bem como na organização do consentimento, ou seja, no modo como o Estado busca a legitimação perante a sociedade civil, não apenas pela coerção, mas sobretudo pela aceitação da autoridade.

Inexiste unanimidade a respeito do Estado e de seu papel, como afirmamos. Uma corrente política no século XVIII – a anarquista –

considerava que o Estado, independente do regime político e econômico, sempre tenderia a ser opressor. Embora sejam distintos os caminhos para uma sociedade igualitária – sem propriedade privada e desigualdades –, os anarquistas defendiam uma sociedade sem Polícia, tribunais, Estado ou qualquer autoridade.

Concepções sobre o poder divergem entre a liberal e a concepção de Foucault. Se uma abriga o poder acima de tudo, a outra, ao reconhecê-lo em toda parte, torna-se reversível, pois ele pode não estar em parte alguma. Com esse raciocínio, Sousa Santos (1996) propõe quatro modos básicos e inter-relacionados de produção de poder nas sociedades capitalistas, resumidos no Quadro 6.

Quadro 6 – Mapa estrutural das sociedades capitalistas

Componentes elementares Espaços culturais	Unidade de prática social	Forma institucional	Mecanismo de poder	Forma de direito	Modo de racionalidade
Espaço doméstico	Sexos e gerações	Família, casamento e parentesco	Patriarcado	Direito doméstico	Maximização da afetividade
Espaço da produção	Classe	Empresa	Exploração	Direito da produção	Maximização do lucro
Espaço da cidadania	Indivíduo	Estado	Dominação	Direito territorial	Maximização da lealdade
Espaço mundial	Nação	Contratos, acordos e orgs. internacionais	Troca desigual	Direito sistêmico	Maximização da eficácia

Fonte: SOUSA SANTOS, 1996, p. 125.

Em verdade, o poder instituído varia conforme a organização da sociedade. Nas sociedades socialistas, por exemplo, porque inexiste a iniciativa privada e os bens de produção são socializados, o Estado é levado a atender às necessidades básicas da população. Nas sociedades capitalistas, o Estado também atende às necessidades sociais como educação, segurança e saúde da população, mas, por ser o representante do público em geral e cobrar impostos e taxas, isso gera a obrigação de fornecer e administrar bens públicos à sociedade. Além das funções citadas, o Estado constitui relações políticas com outros Estados e nações, e sua fronteira comercial pode alterar-se, dada a mundialização da economia. Perdura na discussão sobre o Estado, o seu caráter de classe nas sociedades capitalistas.

Para reter o conhecimento

1) Qual é a visão de Michel Foucault sobre o poder?

2) Na relação entre poder e Estado, o poder restringe-se ao Estado?

3) Explicite as formas de dominação na concepção de Weber.

4) Como o poder político está organizado na realidade brasileira? Por que dizemos que se trata de uma democracia representativa?

5) O que distingue uma democracia de outras formas políticas?

6) É possível chegar a uma conceituação de Estado?

7) Resuma as interpretações de Estado que aparecem neste capítulo.

8) Distinga o Estado-nação da visão neoliberal de Estado.

9) Por que hoje se fala em Estado mínimo? Em que os Estados de Bem-Estar Social diferem entre si?

10) Que direitos implicam a cidadania?

A realidade clama à ciência

Leitura 1: O Globo Online, 2007.

"Trio americano vence Nobel de Economia 2007

Os economistas norte-americanos Leonid Hurwicz, Eric Maskin e Roger Myerson ganharam nesta segunda-feira o Prêmio Nobel de Economia por criarem as bases de uma teoria que determina quando os mercados estão funcionando de forma eficaz. A Real Academia Sueca de Ciências disse que os três estabeleceram a teoria do desenho de mecanismos, que examina a eficácia da alocação de recursos por diferentes instituições e se a intervenção governamental é necessária. [...] *A clássica metáfora de Adam Smith da mão invisível refere-se a como o mercado, em condições ideais, garante a alocação eficiente de recursos escassos. Mas, na prática, as condições não são geralmente ideais – afirma a Academia. Por exemplo, a competição não é totalmente livre, os consumidores não são corretamente informados e a produção privada desejada e o consumo podem gerar custos sociais e benefícios*" (*O Globo Online*, 15 out. 2007, grifo da publicação).

1) Qual é a análise dos ganhadores do Prêmio Nobel de Economia, em 2007, sobre a clássica metáfora da mão invisível do mercado de Adam Smith?

O olhar da Sociologia no mundo

Leitura 2: Gruppi, 1980.

"A teoria do Estado de Hobbes é a seguinte: quando os homens primitivos vivem no estado natural, como animais, eles se jogam uns contra os outros pelo desejo de poder, de riquezas, de propriedades. [...] os homens destroem uns aos outros, eles percebem a necessidade de estabelecer entre eles um acordo, um contrato. Um contrato para constituírem um Estado que refreie os homens, que impeça o desencadear-se dos egoísmos e a destruição mútua. [...] Rousseau dizia que Hobbes descreveu não a condição natural dos homens, mas sim o homem dos seus tempos. Para Rousseau, ao contrário, é a civilização que perturba as relações humanas, que violenta a Humanidade, pois *os homens nascem livres e iguais,* [...] *mas em todo o lugar estão acorrentados*" (Gruppi, 1980, p. 12 e 18).

1) "O homem é o lobo do homem" (Hobbes); "O homem nasce bom, mas a sociedade o corrompe" (Rousseau). Pensando nas relações sociais, que análise essas duas proposições suscitam? Qual seria a tarefa do Estado para Hobbes?

Leitura 3: Engels, 1984.

"Como o Estado nasceu da necessidade de conter o antagonismo das classes e como, ao mesmo tempo, nasceu no seio do conflito entre elas, é, por regra geral, o Estado é da classe mais poderosa, da classe economicamente dominante, classe que, por intermédio dele se converte também em classe politicamente dominante e adquire novos meios para a repressão e exploração da classe oprimida. Assim, o Estado antigo foi, sobretudo, o Estado dos senhores de escravos para manter os escravos subjugados; o Estado feudal foi o órgão de que se valeu a nobreza para manter a sujeição dos servos e camponeses dependentes; e o Estado moderno representativo é o instrumento de que serve o capital para explorar o trabalho assalariado. Entretanto, por exceção, há períodos em que as lutas de classes se equilibram de tal modo que o poder do Estado, como mediador aparente, adquire certa independência momentânea em face das classes" (Engels, 1984, p. 229).

1) Como Engels analisa o papel do Estado ao longo da história?
2) O que significa a afirmação de Engels de que há momentos em que o Estado age de modo independente? Há exemplos dessa proposição na realidade nacional ou internacional?

Leia mais

HUXLEY, Aldous. *Admirável mundo novo*. São Paulo: Abril, 1981.

    Uma leitura muito próxima à sociedade de controle, termo utilizado por Foucault. É uma metáfora sobre o poder e as sociedades modernas.

MARTINEZ, Paulo. *Socialismo*: caminhos e alternativas. São Paulo: Scipione, 1998.

    Esta obra destaca os caminhos e possibilidades do socialismo, após a desintegração do Leste Europeu.

NASCIMENTO, Milton; NASCIMENTO, Maria das Graças. *Iluminismo*: a revolução das luzes. São Paulo: Ática, 1998.

    Análise do iluminismo – movimento do século XVIII –, base teórica das revoluções burguesas, com clara influência sobre a organização política atual e a democracia.

OLIVEIRA, Francisco; RISEK, Cibele (orgs.). *A era da indeterminação*. São Paulo: Boitempo, 2007.

    Sociólogos brasileiros refletem sobre as transformações nas diversas dimensões no Estado brasileiro, sobretudo econômicas e políticas, que vêm fragilizando os espaços públicos e a cidadania.

PINSKY, Carla Bassanezi; PINSKY, Jaime (orgs). *História da cidadania*. 4. ed. São Paulo: Contexto, 2008.

    Importante obra que traz um referencial histórico sobre o desenvolvimento da cidadania da sua gênese aos dias atuais, permitindo pensar a sua constituição na sociedade brasileira.

PINSKY, Jaime (org.). *Práticas da cidadania*. São Paulo: Contexto, 2004.

    Sem o esvaziamento de sentido pelo uso indiscriminado do conceito de cidadania, esta obra vale-se de experiências de ações políticas desenvolvidas, com vistas à construção da cidadania no Brasil.

SANTOS, Wanderley Guilherme dos. *O paradoxo de Rousseau*. São Paulo: Rocco, 2007.

    O autor mostra a capacidade da democracia representativa em recriar e autotransformar-se, impulsionando a dinâmica inclusão/exclusão sociais.

Tela crítica

A CORPORAÇÃO. Direção de Mark Achbar e Jennifer Abbott, Estados Unidos, 2004.

    Baseado no livro de Joel Bakan *A corporação: objetivo patológico de lucro e poder*, este documentário traz entrevistas, tece crítica à origem e à dinâmica das grandes empresas transnacionais.

MISSING – O DESAPARECIDO. Direção de Costa Gravas, Estados Unidos, 1982.

    Filme político que mostra a indignação de um cidadão diante de um crime acobertado pelas autoridades.

Unidade na diversidade: a interdependência urbano-rural

Síntese deste capítulo

O crescimento urbano e as mudanças no meio rural são faces de um mesmo fenômeno. No Brasil, em sessenta anos do século XX, a população passou a viver predominantemente nos centros urbanos, também em função do êxodo rural – levas de pessoas em direção às cidades –, derivado da concentração de terras em grandes propriedades, da infraestrutura deficiente e da redução do emprego no campo. Ligadas à modernidade, as transformações econômicas e sociais fomentam fluxos de migração dentro dos países e entre eles. A busca por melhores condições de vida e de trabalho é a grande impulsionadora da migração em direção às cidades. Em diversas partes do mundo, a imigração, bem-vinda até os anos 1980, torna-se alvo de conflitos e de movimentos e políticas de restrição à imigração. A falta de melhoria das condições habitacionais revela a marginalização urbana. As raízes da violência são sociais e históricas, isto é, são de natureza estrutural e o seu crescimento e o aumento da criminalidade estão associados a situações de vulnerabilidade social, à concentração da renda e à falta de perspectivas pessoais e profissionais. As cidades brasileiras cresceram de modo desorganizado e sem infraestrutura adequada para a população pobre. Na modernidade, os espaços públicos urbanos estão sendo deteriorados e eliminados, e uma cultura da paz, que recupera valores e referências morais, faz-se imperativa diante da cultura da violência.

Rural e urbano: duas faces de uma moeda

Costumamos dizer que somos "bichos da cidade" com um fundo de verdade, pois boa parte das pessoas das novas gerações nasceu fora da área rural, no Brasil. Os antigos gregos já se concentravam na *pólis* ou nas *poleis,* cidades do século VIII a.C. que se mantiveram até o domínio do Império Romano. Nelas, os cidadãos – a cidadania era privilégio dos homens adultos livres – organizaram-se diferentemente da vida dos deuses gregos, dando plasma à civilização ocidental e motivo para Aristóteles afirmar que o homem é um "animal *político*", um habitante da pólis e disseminador da sua cultura. Espacialmente, a pólis reproduzia o valor dado aos templos localizados na acrópole, a parte mais elevada da cidade, reservando um lugar público no centro, denominado ágora, que também abrigava o mercado e, como não podia deixar de ser na cultura helênica, ali se erguia um *gymnasion* para práticas esportivas e cuidados com o corpo.

Essas primeiras comunidades expressam a cidade como espelho da sociedade segregadora dos homens hierarquizados. É do sociólogo Max Weber (1977) a concepção de que é na cidade que o homem galga a emancipação social, em termos morais e materiais. Ao longo dos séculos, na escalada de conquista da condição de cidadania, associando os direitos humanos aos direitos naturais – direitos à liberdade, à propriedade, à segurança e direito de resistência à opressão –, o homem estabelece a ordem social.

As cidades ocidentais surgiram basicamente dos *cercamentos dos campos* e da atividade comercial, oriunda das grandes navegações e descoberta das especiarias do Oriente. Imaginemos a agitação dos mercadores no miolo das primeiras aglomerações humanas fortificadas. Para o mercado dos burgos, na Idade Média, convergiam os habitantes das terras dos senhores e aqueles que disputavam o espaço apertado entre as muralhas protetoras da vida social e suas atividades lucrativas.

Os burgos – palavra derivada do alemão *burgs* ou pequena cidade medieval, e do latim *burgu* ou fortaleza, que designava um local fortificado na Roma antiga – eram conjuntos de castelo ou mosteiro e suas cercanias rodeadas pela muralha de defesa. Deram origem a muitas cidades e vilas, bem como à designação de burguês ao indivíduo que se estabelecia nos burgos. Do termo deriva também a expressão burguesia – classe social surgida na Europa em fins da Idade Média com o crescimento das cidades, afeita a atividades ligadas ao comércio e a ofícios artesanais, de pouco trabalho braçal.

Quando voltamos nossa atenção para o meio urbano ou para o campo, imediatamente duas realidades contrastantes se nos fixam, quer pela aparência física, quer pelo estilo de vida, decorrentes de uma economia que se apresenta diferenciada, mas interligada, para ambas.

> Campo e cidade guardam distinções, elaboradas justamente nas relações estruturais que estabelecem entre si.

Cidade e campo são formações resultantes do modo como se desenvolve o sistema econômico, concentrando atividades produtivas, riquezas e terras. O sistema econômico corresponde ao conjunto de elementos que compõem todo tipo de produção de bens tangíveis e intangíveis, bem como a circulação e a troca de mercadorias dentro das sociedades, assim como a acumulação e a concentração de capital. Dessa forma, a imagem que projetamos e a dinâmica de relações sociais vividas têm a ver com a colonização que experimentamos, com a nossa cultura, a apropriação e distribuição dos bens materiais. É difícil, portanto, falar das origens da cidade, sem incluir as transformações que se operaram na realidade rural e vice-versa.

Nem tudo virou cidade como se apregoa, apesar das mudanças aceleradas no espaço aglomerador de população. A certeza é que o processo de urbanização intenso juntamente com a industrialização dos países, nos últimos cem anos, não fez desaparecer a histórica contradição urbano-rural. A urbanização é o processo de constituição de vilas e cidades, com adensamento populacional e habitacional que, aos poucos, dota de infraestrutura – sistema viário, calçadas pavimentadas, saneamento básico, limpeza e segurança pública, fornecimento de energia elétrica e planejamento urbano – os espaços de praças e parques, zonas residenciais e comerciais, áreas de lazer, instituições estruturadas para o fornecimento de serviços públicos municipais.

As pesquisas em Urbanismo – campo do conhecimento multidisciplinar que estuda a cidade, visando a sua regulação e a administração espacial e social – têm mostrado a importância do ecossistema territorial, ou seja, o espaço sem o qual um ecossistema urbano não pode exercer o conjunto das funções vitais que lhe são próprias, afirma o economista José Eli da Veiga (2004). Há que alimentar as cidades, afirmamos nós. Mas o que leva uma cidade a ser cidade? No Brasil, uma estreita definição administrativa: toda sede de município é cidade. Ainda que só tenha exatos 18 habitantes, como mostrou o último Censo Demográfico de 2000, quanto ao município de União da Serra, no nordeste do Rio Grande do Sul. Tal disparate, na palavra de Veiga (2004), vem desde 1938, quando Getúlio Vargas, no Estado Novo, aprovou o Decreto-Lei nº 311, ainda em vigor. Hoje, no país, são 5.561 municípios.

Nesse aspecto, Portugal dá-nos uma lição ao estabelecer critérios – estruturais (basicamente localização e densidade demográfica) e funcionais – para definir cidade, em que a existência de serviços indispensáveis deve atender ao menos metade destes: a) hospital com permanência; b) farmácias; c) bombeiros; d) casa de espetáculos e centro cultural; e) museu e biblioteca; f) hotéis; g) estabelecimentos de ensino técnico e secundário; h) escolas de ensino fundamental e creches; i) transportes públicos, urbanos e suburbanos; j) parques e jardins públicos. Por não termos esse perfil na maioria das cidades brasileiras, cabe aqui o pensamento de Ribeiro (2004) de que o resultado é uma urbanização sem cidades, no Brasil.

Movimento populacional no Brasil recente

População urbana vai de 31% para 81% em sessenta anos, aponta IBGE.

O Brasil passou de um país rural a urbano, em sessenta anos, aponta estudo elaborado pelo IBGE (Instituto Brasileiro de Geografia e Estatística). O país, que tinha apenas 31,3% da população vivendo em centros urbanos em 1940, passou a 81,2% em 2000. O estudo compara os dados do primeiro censo elaborado pelo instituto, em 1940, com o último censo, em 2000. O maior salto rumo à urbanização ocorreu na região Centro-Oeste, que passou de 22,9% para 86,7% no período. Segundo o coordenador de População e Indicadores Sociais, Luis Antonio Oliveira, o processo de urbanização na região foi impulsionado pelo Distrito Federal e pelo processo de concentração fundiária nas décadas de 1970 e 1980. O Sudeste detém a maior parcela de população vivendo em centros urbanos do país. A região detinha 90,5% da população urbana em 2000, ante 39,6% em 1940. A pesquisa aponta que a população brasileira cresceu quatro vezes, atingindo 169,8 milhões de pessoas nesse período. Em 1940, o município do Rio de Janeiro concentrava a maior parcela da população brasileira. Ele detinha 1,752 milhão de pessoas, enquanto em São Paulo a população era de 1,320 milhão. Já em 2000, o município de São Paulo era o líder, com 10,434 milhões. Fortaleza (CE) apresentou a maior média de crescimento em sessenta anos (4,3%). São Paulo apresentou um ritmo de crescimento de 3,6% ao ano entre 1940 e 2000 (Spitz, 2008).

Nos últimos sessenta anos do século XX, a população passou a viver predominantemente nos centros urbanos. O que está por trás dessas mudanças? Que implicações sociais são decorrentes do processo de urbanização? Como a Sociologia analisa a cidade e seus problemas? Quais são as feições do fenômeno da migração, em pleno século XXI, no mundo? O fenômeno da migração remonta à história da humanidade, ocasionado por diversas razões, inclusive ambientais. São fenômenos ligados à problemática da modernidade, das transformações econômicas e sociais que fomentam fluxos de migração, tanto dentro dos países quanto entre eles, quando as pessoas partem de seu país para outros.

O Brasil, ao longo de sua história, passou por transformações não apenas demográficas, como também da redistribuição da população pelo território. Desde a época da sua colonização pelos portugueses, verificamos muitas levas migratórias. Enquanto algumas regiões expulsavam, outras atraíam população, predominando a tendência da concentração em determinadas regiões. Os fluxos migratórios ocorrem dentro de uma região, um país ou entre países quando contingentes regulares e conjunturais de pessoas saem de uma região e se estabelecem em outra na expectativa de atender às suas necessidades. Dentro do território brasileiro, no passado, ocorreram em várias direções, geralmente ligados a processos de decadência de uma região – como ocorreu no século XVIII com a estagnação da indústria açucareira no Nordeste.

A descoberta de minerais preciosos em Minas Gerais atraiu milhares de trabalhadores para as regiões em que se desenvolvia a mineração. Mais tarde, a extração da borracha, na região Norte, também atraiu enormes contingentes de trabalhadores, especialmente nordestinos. Entre as razões de expulsão da população do Nordeste está o declínio das atividades econômicas, devido a fenômenos como a seca, a concorrência, a concentração das áreas de terras e a ausência de recursos públicos, para atendimento de necessidades fundamentais da população. Até meados do século XX, a população encontrava-se concentrada no meio rural, caracterizando o país como agrário. Na época conhecida como República Velha (1889-1930), 75% da população brasileira vivia no meio rural, situação que começa a se transformar nas décadas seguintes.

A partir dos anos 1930, a economia brasileira passa por grandes modificações, tanto na agricultura como na industrialização, impulsionadas pelas políticas econômicas governamentais e por diferentes conjunturas internacionais. A migração interna tem como destinos os polos mais industrializados do país – São Paulo e Rio Janeiro – e também as fronteiras agrícolas, ou seja, áreas ainda não desbravadas com ocupação fomentada por políticas de governo. Com a expansão cafeeira houve grande deslocamento populacional para o estado do Paraná. Nas décadas de 1940/1950/1960, o estado tornou-se a principal fronteira agrícola do país, atraindo principalmente gaúchos, catarinenses, mineiros, nordestinos e paulistas. Uma segunda onda de expansão agrícola ocorreu em direção ao Centro-Oeste, estimulada pela construção de Brasília e de novas estradas de acesso.

> Nos anos 1950, o processo de modernização da agricultura, agregando novas tecnologias na produção agrícola, levou à redução do emprego no campo, contribuindo para alavancar o êxodo rural.

Nas décadas de 1960/1970, observamos o terceiro momento de expansão agrícola, dessa vez para as regiões Oeste e Norte brasileiras, impulsionada por projetos do governo e de grupos privados. A ideia inicial de assentar pequenos agricultores não logrou êxito, devido à ausência de infraestrutura, políticas públicas e recursos que dessem sustentação às famílias. As portas foram abertas, no entanto, aos grandes grupos empresariais nacionais e internacionais para exploração de minérios e a pecuária de corte. O estado de Rondônia pode ser considerado o último foco de importante deslocamento populacional, nos anos 1970.

Nos anos 1950, com a intensificação do processo de industrialização, as cidades maiores apresentam expressivo crescimento. A industrialização e a urbanização são processos simultâneos e associados. Na segunda metade do século XX, o Brasil já é considerado um país predominantemente urbano, tendo ocorrido uma inversão nas proporções da população rural e urbana. As cidades brasileiras crescem assustadoramente sem estarem preparadas para os novos frequentes fluxos populacionais, dando espaço à criação de favelas e moradias precárias em seus arredores. Podemos pensar no povo brasileiro em constante movimento e, como vimos mais recentemente, a marcha populacional ocorreu em direção às novas fronteiras agrícolas, nas regiões Centro-Oeste e Norte do país. Daí encontrarmos notícias na mídia sobre o desmatamento na bacia da Amazônia. Por que as pessoas migram?

Migrações e a busca por trabalho

> No Brasil, a concentração das terras nas mãos de grandes fazendeiros, a infraestrutura deficiente e a redução do emprego no campo impulsionaram a migração maciça do campo para a cidade – o êxodo rural.

A busca por melhores condições de vida e trabalho são fatores propulsores da migração para as cidades. Ainda que possamos ver a cidade por um viés romântico de atração por suas luzes e dinamismo econômico, o maior impulsionador da migração é a busca pelo trabalho. Essa procura por trabalho não se restringe ao Brasil. No cenário internacional também verificamos um intenso movimento de populações entre diversas regiões do mundo. Alguns fogem das guerras, outros da fome ou de condições de extrema desproteção social. Os Estados Unidos e vários países da Europa atraem populações, sobretudo de países periféricos e subdesenvolvidos. Mexicanos, brasileiros e outros povos da América Latina transferem-se para os Estados Unidos, atraídos pelas possibilidades de ganhos maiores que em seus países de origem. Essa migração resume-se na busca por trabalho, embora outros motivos levem as pessoas a migrar.

Até os anos 1980, a imigração era não apenas tolerada, mas bem-vinda nos países europeus. A partir dessa época, em vista do crescimento do desemprego, governos, partidos políticos e suas populações têm se mobilizado por medidas restritivas para conter a imigração. Na Europa deste início de século, certo clamor popular e os problemas que vêm enfrentando levaram os governantes a estabelecer leis anti-imigração, com regras mais duras para imigrantes ilegais nos países participantes da União Europeia.

> "Lei anti-imigração não deixará a União Europeia livre de ilegais
>
> **Novas regras preveem punição mais dura para estrangeiros, mas não reforçam o policiamento.**
>
> As normas anti-imigração divulgadas pela União Europeia servirão para unificar a política dos países-membros com relação ao tema [...] a principal mudança diz respeito à expulsão de ilegais e unifica o procedimento a ser adotado nas deportações. O prazo máximo de detenção passa a ser de até 18 meses. O contexto [...] é o de uma União Europeia que ainda precisa de mão de obra barata, mas não como antigamente. 'O continente foi grande pelo atrativo de mão de obra após a crise do petróleo nos anos 1970, mas depois disso passou a diminuir lentamente o (mercado de) trabalho', diz o professor Estevão Martins. Hoje a Europa tem mais opção de trabalhadores que competem entre si, frustrando a ideia do imigrante de que chegará ao paraíso. Mas, em geral, ele recebe salário maior que no país de origem. '400 euros às vezes é uma fortuna', diz a professora da Universidade do Vale do Itajaí, Karine de Souza Silva. [...] 'O debate (contra a diretiva) fez a opinião pública mundial despertar do torpor para uma situação trágica que são os movimentos migratórios massivos e não só para a Europa. A globalização acentuou a miséria', diz o coordenador do programa

de estudos europeus da UFRJ, Franklin Trein. Do lado de dentro do continente, há o crescente medo do terrorismo praticado por imigrantes, que se tornou mais real na Europa com o atentado ao metrô de Madri, em 2004" (Carnieri, 2008).

A restrição à imigração tem relação com as transformações no capitalismo, sobretudo no mercado de trabalho. O desemprego e a falta de perspectivas pessoais e profissionais são apontados como os fenômenos que suscitam e fazem crescer as rivalidades. Na França, por exemplo, Jean-Marie Le Pen, político de um partido de direita que cresceu desde a década de 1970, conseguiu se afirmar como uma liderança pautada em pregações xenófobas e racistas. Ele considera que os estrangeiros que moram lá prejudicam a cultura francesa. Movimento semelhante pode ser verificado na Inglaterra, na Itália, na Bélgica, dentre outros países.

Você já deve ter ouvido falar em neonazismo, isto é, no aparecimento de grupos ou gangues, organizados com semelhanças ao nazismo alemão das décadas de 1930/1940, que destilam o ódio a estrangeiros, o preconceito e o racismo. O racismo é uma proposição que sustenta a superioridade de uma raça ou de uma etnia sobre outras, enfatizando as diferenças biológicas consideradas melhores. Pauta-se no conceito de pureza das raças, em sua hierarquização e na condenação da mestiçagem, ideias que não encontram sustentação científica alguma.

Os grupos neonazistas espalhados pelo mundo espancam e assassinam trabalhadores estrangeiros, além de homossexuais, ciganos e outras minorias. No Brasil não é diferente, tendo como alvo nordestinos, negros, índios, homossexuais e mendigos.

Quadro 7 – Grupos neonazistas brasileiros

Subúrbios do ABC	Maior concentração na zona leste de São Paulo. Discriminam os judeus, os drogados, os homossexuais; fazem apologia à violência e portam correntes e revólveres.
Carecas do ABC	Concentram-se no ABC paulista; bem organizados e muito violentos; usam a força física para lutar; identificam-se com os ideais integralistas de Plínio Salgado; têm hierarquia militar e não aceitam mulheres em suas fileiras.
White Power	A maioria localiza-se na região metropolitana de São Paulo, com ramificações no Sul do país; ultrarracistas; adotam a estética e a ideologia hitlerista; combatem negros, homossexuais, judeus e nordestinos; defendem a separação da região Sudeste do resto do país.
Partido Nacionalista Revolucionário Brasileiro – PNRB	Fundado em 1988 por um ex-oficial da Marinha, tem caráter nacionalista, xenófobo, antissemita, atuando no Rio de Janeiro, São Paulo, Bahia, Espírito Santo, Brasília.

Fonte: SALEN, 1995.

Dentre os *slogans* desses grupos neonazistas constam frases como "vida longa à raça branca" e "fora nordestinos". Por trás desse ódio está o medo da concorrência de uma mão de obra "capaz de aceitar salários mais baixos, por ser migrante e totalmente desprovida de recursos", afirma Salen (1995, p. 49). Essa é também uma das explicações para o fenômeno na Europa. São velhos problemas que reemergem em países desenvolvidos e afloram em outros, agora de modo redimensionado sob a regência da globalização, associados às suas consequências econômicas, políticas e sociais. Quando nos referimos a fenômenos redimensionados, no Brasil, é porque se pretende inventar uma raça que não existe, o nordestino.

A existência de grupos agressivos é hoje uma manifestação social mais frequente no meio urbano, o qual a favorece e recria, de certo modo, a ameaça implícita presente em oposições consagradas na história mundial do extermínio de populações – como minorias étnicas *versus* culturas dominantes –, seja na Europa, na América Latina, na África, na Ásia, como costuma acontecer em Darfur, na África, neste século XXI, a partir de 2003, segundo Faria (2008). Depois desta incursão sinalizando os fluxos migratórios, não apenas como realidades locais, mas como problemas em quase todas as partes do mundo, voltamos às questões referentes às cidades – espaços densamente povoados.

Relações sociais e espaciais na cidade

A industrialização e a urbanização são fenômenos que contribuíram, segundo Durkheim (1973), para modificar padrões de comportamentos, na passagem para a sociedade industrial, fundados no que denominou de solidariedade mecânica, isto é, em sociedades com pouca divisão de trabalho e forte coesão social, a partir de valores e ações compartilhadas. A densidade das relações sociais e sua interdependência caracterizam a sociedade industrial, assentada na divisão do trabalho e no tipo orgânico de solidariedade.

De fato, a cidade aniquila estilos de vida tradicionais, oriundos da vida no campo. Se na cidade pequena as pessoas pautam os seus comportamentos pelo outro, o vizinho, o padre, o dono do comércio, a autoridade local, na cidade grande o anonimato é a marca fundamental. Ao mesmo tempo em que libera os indivíduos, o anonimato os desenraiza e modifica suas relações sociais e pessoais por tudo ser feito "por desconhecidos e para os desconhecidos" (Waizbort, 2000, p. 320). O anonimato e a impessoalidade marcam as relações sociais na cidade, de acordo com o pensamento de Simmel (Moares Filho, 1983). Mas como podemos definir a cidade? O que acontece nos centros urbanos?

> "Na cidade estão presentes as condições e os produtos da dinâmica das relações sociais, do jogo das forças políticas e econômicas, da trama das produções culturais. Ela pode ser principalmente, mas também simultaneamente, mercado, fábrica, centro de poder político, lugar de decisões econômicas, viveiro de ideias científicas e filosóficas, laboratório de experimentos artísticos. Nela, germinam ideias e movimentos, tensões e tendências, possibilidades e fabulações, ideologias e utopias" (Ianni, 1996, p. 68).

Nas cidades manifestam-se tensões sociais de diversos matizes, os conflitos e as contradições sociais decorrentes do sistema de produção. Para Milton Santos (1996), as cidades são críticas, sobretudo porque se tornam cidades sem cidadãos. Nelas, a competição, a mercadoria e o consumo predominam. As condições sociais dos habitantes citadinos são visíveis nos diferentes espaços e entre os muros que delimitam bairros ricos e pobres; arranha-céus e favelas; centro e periferia; regiões nobres e desfavorecidas, entre outras denominações de suas divisões. Nas periferias das grandes cidades e nas densas regiões metropolitanas encontram-se, nos dias atuais, populações com múltiplas carências desassistidas, além de uma situação de marginalização social, isto é, o impedimento de grupos humanos de participar da vida pública, social, política.

Dowbor (1999) demonstra que os processos de urbanização, caóticos e desordenados, geraram áreas periféricas onde reinam a insegurança, as doenças, a deterioração ambiental e avolumam-se outros fenômenos de desarticulação social. Reconhece ser pequeno o poder de pressão dos mais pobres, de modo que ainda são as famílias influentes as que elegem os prefeitos e também as prioridades de investimento público.

> "A ausência ou fragilidade de políticas destinadas aos pobres fazem com que as políticas sociais passem a agir sobre os efeitos. A ausência de esgotos adequados leva a que os hospitais se vejam sobrecarregados, para curar doenças que poderiam ter sido prevenidas com custos comparavelmente menores. A acumulação de miséria [...] e a ausência de programas culturais levam à criminalidade, gerando imensos gastos com o aparato policial e a manutenção da população carcerária" (Dowbor, 1999, p. 292).

A cidade é um complexo, onde os problemas são ainda mais interdependentes e conectados. O esgoto não canalizado, exposto a céu aberto, vaza para o vizinho. O lixo produzido e arremessado nos rios da cidade interfere na vazão da água da chuva, resultando em enchentes. A falta de transporte público, ou em condições insuficientes, afeta a qualidade de vida dos cidadãos, que dependem de locomoção para trabalhar. Além disso, transporte público ruim incentiva o uso individual do automóvel, agravando as condições ambientais e provocando congestionamentos, além de outros exemplos da inter-relação dos espaços da cidade.

Da pobreza das habitações à miséria da população

A miséria da população pode ser vista na pobreza das habitações. As periferias das grandes cidades e regiões metropolitanas concentram a maioria das pessoas vindas do interior. Nas cidades brasileiras, sem infraestrutura adequada, insuficiência de políticas públicas de habitação, o desemprego e os baixos salários estão entre os ingredientes que contribuem para o crescimento de moradias inadequadas, ocupações clandestinas, assentamentos informais ou o que podemos chamar de ilegais, assim definidos pelo não-reconhecimento jurídico de propriedade e da documentação legal de posse da terra.

Em regiões impróprias para moradia, tais como as encostas de morros, as margens de rios, embaixo de redes de alta tensão etc. são construídos barracos com restos de madeira, latas, papelão, mas também de tijolos, cobertos com chapas de zinco, de cimento amianto e outros materiais. De acordo com o Ipea (2005, p. 94), "a favelização é um fenômeno essencialmente metropolitano, revelando uma forte demanda reprimida por acesso à terra e à habitação nas grandes cidades". O Censo de 2000 mostra que 1,7 milhão de domicílios estão localizados em favelas e assentamentos, abarcando uma população de 6,6 milhões de pessoas, 53% das quais nos estados de São Paulo e Rio de Janeiro, sendo que este último apresenta o maior percentual de favelados em termos relativos (9,7%), sobretudo na capital.

Quadro 8 – População brasileira em favelas ou em assentamentos precários

Regiões metropolitanas	População em favelas e outros tipos de assentamento precário	Total
Belém, Belo Horizonte, Porto Alegre, Curitiba, Fortaleza, Salvador, Recife	33,9%	78,5%
Rio de Janeiro e São Paulo	44,6%	
Outras cidades	21,5%	21,5%

Fonte: IBGE, Censo demográfico, 2000 (apud Ipea, 2005).

Os dados revelam que 3,8% da população brasileira habita moradias precárias e, no diagnóstico das moradias elaborado pelo Ipea (2005), 41,8% da população vive sem acesso à coleta de lixo ou água tratada ou sem saneamento adequado em áreas urbanas. Fenômeno difícil de quantificar, a falta de melhoria nas condições habitacionais revela a marginalização urbana.

Quadro 9 – Condições habitacionais no Brasil

17 milhões	5,7 milhões	5,8 milhões
vivem em domicílios superlotados (mais de três pessoas por dormitório)	comprometem mais de 30% da renda com o pagamento de aluguel	vivem sem adequada coleta de lixo, em áreas urbanas
16,4 milhões	35,5 milhões	9,8 milhões
vivem sem água canalizada em casa, em áreas urbanas	vivem sem adequado esgoto sanitário, em área urbana	vivem em domicílios com irregularidade fundiária

Fonte: Ipea, 2005.

Essa situação de subnormalidade habitacional dificulta o surgimento de ações coletivas, capazes de compensar a perda da renda e o abandono do poder público. Sendo mais forte e extensiva em cidades da globalização periférica, que inclui países como o Brasil, a Índia, o México, a China, porém está presente em países desenvolvidos. A desertificação cívica de bairros, em vias de guetificação, faz muito semelhantes cidades da América Latina e os guetos norte-americanos, analisa Ribeiro (2004).

É importante sociologicamente conceituar gueto, como faz Wacquant (2004), para quem um gueto é uma relação etno-racial de controle social e de cercamento, composta de quatro elementos: estigma, limite, confinamento espacial e segregação institucional. Com essa interpretação, fica ultrapassada a noção de "uma área natural", produto da "história da migração", para caracterizar o gueto como uma forma especial de violência coletiva, realizada no espaço urbano e, desse modo, podemos entender também as reservas indígenas e os campos de refugiados. Por outro lado, hoje, os condomínios fechados horizontais ou verticais constituem-se um novo padrão de segregação espacial e demonstração do contraste da desigualdade social nas cidades, invertendo a dicotomia centro rico e periferia pobre.

A violência não se restringe a danos físicos

O crescimento desordenado das cidades e moradias precárias tem relação com a violência. Como explicar a violência que parece se espalhar pelo tecido social? Caracteriza-se como violência uma situação de interação, na qual um ou mais atores sociais agem de maneira direta ou indireta, maciça ou esparsa, causando danos a uma ou várias pessoas, sejam em sua integridade física, em suas posses, sejam em sua integridade moral, afetando suas participações simbólicas e culturais, analisa Yves Michaud (1989). Isso significa que a violência não está restrita apenas a danos físicos. Há violência também quando uma pessoa é atingida na sua subjetividade, na sua cultura ou em sua dimensão psicológica, denominada pela Sociologia como violência simbólica.

De acordo com o conceito de Michaud, guerras, genocídios, homicídios, torturas, espancamentos são atos de violência que, atingindo pessoas em sua integridade física, trazem consequências pessoais e para o coletivo. Podemos considerar também como violência a fome, a mortalidade infantil, as diversas formas de discriminação social – sejam pela condição de classe, credo, etnia – que ferem a dignidade humana. A violência é tão antiga quanto a história da humanidade e tem múltiplas causas. Mas aquela que temos presenciado nas grandes cidades resulta de fatores estruturais na sociedade capitalista, da concentração da riqueza, dos problemas decorrentes das crises econômicas, da miséria e empobrecimento das populações, das relações de poder que submetem as maiorias e minorias sociais.

> A desigualdade social em si é uma violência, tanto pelas carências produzidas como pelas consequências que gera.

Para Hobsbawm (1998), a violência atual tem uma íntima relação com a história do século XX, levando-nos a habituar com o desumano e aprendemos a tolerar o intolerável. Reflete a desintegração social e política, o crescimento da barbárie, expressa na perda de referências e valores. A sociedade parece se dar conta ou se questionar sobre tais mudanças, especialmente quando se depara com crimes cometidos por jovens pertencentes às classes privilegiadas. Foi assim, em Brasília, no episódio do índio Galdino, em 1997, morto em consequência de jovens de classe média terem-lhe ateado fogo, por "acharem" tratar-se de um mendigo, como se isso pudesse justificar a barbárie cometida. Ou quando, em 2008, em São Paulo, um grupo de rapazes espancou uma trabalhadora, por "acreditarem" ser uma prostituta.

> Caracteriza-se como *barbárie social* a ausência de regras numa sociedade. Hobsbawm (1998) a define como ruptura e colapso dos sistemas de regras e comportamento moral, pelos quais as sociedades controlam as relações entre os seus membros e desses com os de outras sociedades. A desregulamentação do trabalho e a redução da proteção social podem sinalizar uma situação de barbárie na sociedade de hoje, em que predominam as forças de exploração do mercado e são escassas as regras.

Centenas de casos registrados demonstram o aumento da violência e da agressividade, não apenas em centros urbanos, visto que esta não está restrita às populações mais pobres, como denota o senso comum. Quando filhos de classe média atentam contra a vida de outros, no Brasil ou nos Estados Unidos, por exemplo, parcelas da sociedade perguntam-se sobre o que mudou. Muitos questionamentos são direcionados para a cultura do presentismo, em que o que conta é o "aqui e agora", o prazer máximo e o controle mínimo, a valorização do consumo, a exacerbação do individualismo, dentre outros fatores, a desintegração dos laços familiares. A desintegração social caracteriza situações em que os laços de solidariedade, que unem os indivíduos e os grupos em sociedade, diluem-se, sendo responsável pelos males sociais, segundo Durkheim, para quem a divisão do trabalho seria chave para a integração social.

Crescimento das cidades gera violência

Existe uma visão, mais ou menos generalizada, que associa a pobreza à violência. Trata-se de um raciocínio simplista, pois a grande maioria dos pobres não está envolvida em crimes. As elites também cometem crimes. Fato é que as situações de extrema carência social são terreno fértil para a violência. As condições precárias de moradia, de não-acesso à educação e meios para que as pessoas compartilhem dos bens produzidos socialmente estão entre as razões da violência, quando procuram ter acesso aos bens por intermédio do crime. As estatísticas têm apontado um aumento da violência, expresso no crescimento das taxas de homicídios. Também se comprova que o processo de urbanização tardio, acelerado e desordenado dos países da América Latina, traz à tona conflitos sociais e enraíza os problemas com criminalidade.

> "Homicídios crescem rapidamente nas últimas décadas
>
> O índice de homicídios (dolosos, os seja, intencionais) registrado no Brasil é alto se comparado com o de outros países [...] e tem crescido rapidamente nas últimas décadas. O país passou de uma taxa de 11,4 vítimas de homicídio por 100 mil habitantes em 1980 para 29,1, em 2003. [Homicídio] é uma das primeiras causas de morte no país. [...] É difícil determinar quais são as causas que levam aos homicídios, mas sabe-se que eles ocorrem tanto atrelados à criminalidade comum (por exemplo, tráfico de drogas, roubo e estupro), como por desfechos de conflitos interpessoais (entre familiares, vizinhos, amigos, conhecidos e desconhecidos). Além disso, o fácil acesso a armas de fogo parece favorecer a sua ocorrência, pois, como mostram os dados de 2003, elas respondem por 66,6% do total de homicídios por agressões" (Ipea, 2005, p. 108-109).

Estudos sociológicos associam o crescimento da violência e o aumento da criminalidade, das últimas décadas, a situações de vulnerabilidade social, à concentração da renda e à falta de perspectivas pessoais e profissionais. A vulnerabilidade social diz respeito à situação dos indivíduos que se encontram em situação de risco, seja quanto à sua sobrevivência seja à de sua família. Os riscos são de diversas ordens: perda do emprego; trabalhos informais; jovens com baixos níveis de escolarização e pobres que não encontram meios para se inserir na sociedade e outros. Mudanças culturais, valorização da capacidade de consumo e do hedonismo (o prazer acima de tudo) também são variáveis importantes para a explicação da violência.

O crescimento das cidades tem relação com os elevados graus de criminalidade na medida em que no espaço citadino são reproduzidas as condições desiguais entre os indivíduos e as forças do mercado dominam de modo absoluto, em detrimento do social. Segundo o antropólogo brasileiro Ruben Oliven (1986, p. 15), o aumento da violência, sobretudo após 1964, "se deu tanto na cidade como no campo e tem menos a ver com o contexto no qual se manifesta e mais com as condições que lhe dão origem". Por isso, cabe falar em violência *na* cidade e não em violência urbana.

> "Utilizar o termo violência urbana – rótulo no qual somos bombardeados recentemente – significaria aceitar o embuste de que existe uma violência que é inerente à cidade, qualquer que esta seja. Nessa perspectiva ideológica, o problema não seria brasileiro, mas universal. As causas do fenômeno, nesta visão, não seriam sociais, mas essencialmente ecológicas, já que se imputa ao meio ambiente, chamado cidade, a capacidade *per se* de gerar violência" (Oliven, 1986, p. 15-16).

As causas da violência, portanto, têm raízes sociais e históricas. Nas cidades, por se constituírem os centros mais dinâmicos do capitalismo, concentram-se no mesmo espaço as contradições e os contrastes sociais: casas luxuosas lado a lado com moradias precárias. A opulência do consumo *versus* a severidade da escassez faz-se visível na cidade. A violência também se apresenta no campo, em consequência da estrutura fundiária do país – forma pela qual se encontra distribuída a propriedade das terras –, que permanece concentrada. Para os habitantes da área rural – agricultores sem terras, boias-frias, pequenos agricultores –, a disputa pela terra é a luta pelo trabalho.

Cultura da violência e cultura da paz na modernidade

O historiador Eric Hobsbawm (1998) considera que a sociedade atual encontra-se desprovida das regras de civilização, ou seja, nos adaptamos a uma sociedade que, segundo os padrões de nossos avós, é incivilizada. A trajetória para esse estado é explicada pelos acontecimentos do século XX, quando a violência foi banalizada pelas guerras e houve retorno de práticas de tortura mesmo onde já tinham sido abominadas socialmente. Apesar de ter declinado a utilização da tortura, em 62 dos 104 países pesquisados, houve registros de tortura e apenas 15 não a utilizam de forma alguma.

Desse modo, Hobsbawm fala em desintegração social e política, em declínio da civilidade e crescimento da barbárie. No seu argumento, isso se torna mais grave porque tem havido o desmantelamento das defesas que a civilização do *Iluminismo* erigiu contra a barbárie, a ponto de serem confundidas civilização e barbárie em algumas interpretações. As relações sociais têm se deteriorado em determinadas situações.

Como a construção da pessoa ocorre na relação com o outro, na interação entre sujeitos, do ponto de vista antropológico, Dayrell (1992, p. 2) afirma serem as relações sociais as que verdadeiramente educam, isto é, "formam, produzem indivíduos em suas realidades singulares e mais profundas. Nenhum indivíduo nasce homem. Portanto, a educação tem significado mais amplo, é o processo de produção de homens num determinado momento histórico". Marx demonstrava que a natureza humana faz-se humana no convívio social. Indagamos: como esse processo acontece em contexto de estreitamento do espaço público e da vivência, um mundo cada vez mais virtual?

O retraimento do homem para a vida privada, em que cada vez mais se fecha em ruas, quarteirões, shoppings centers, sinaliza para mudanças nas relações sociais e tem como pano de fundo o medo da violência. O homem moderno sofre as "tiranias da intimidade", diz Richard Sennett (1988); por estar debruçado sobre si mesmo, reluta a assumir valores que lhe pareçam contradizer sua busca de prazer, seus desejos pessoais, a pensar que a moralidade é de foro exclusivamente íntimo. O espaço público deteriorado e em vias de destruição passa insegurança ao homem dessa modernidade exacerbada, dá-lhe medo de acreditar estar na modernidade e suas últimas consequências.

> "Ser moderno é encontrar-se em um ambiente que promete aventura, poder, alegria, crescimento, autotransformação, e transformação das coisas em redor – mas ao mesmo tempo ameaça destruir tudo o que temos, tudo o que sabemos, tudo o que somos. A experiência ambiental da modernidade anula todas as fronteiras geográficas e raciais, de classe e nacionalidade, de religião e ideologia: nesse sentido, pode-se dizer que a modernidade une a espécie humana. Porém, é uma unidade paradoxal, uma unidade de desunidade: ela nos despeja a todos num turbilhão de permanente desintegração e mudança, de luta e contradição, de ambiguidade e angústia. Ser moderno é fazer parte do universo no qual, como disse Marx, 'tudo que é sólido se desmancha no ar'" (Bermann, 1987, p. 15).

O fato de nos tornamos sujeitos éticos e morais, que são construções humanas, leva-nos a reconhecer o outro como sujeito, exige de nós a capacidade de controlarmos e orientarmos nossos desejos, impulsos, tendências e sentimentos. Quando isso não ocorre ou o espaço de nossa ação moral é restrito, ou somos incapazes de avaliar os efeitos de nossas ações sobre o outro e sobre nós mesmos. Daí a violência que, para ser entendida quanto à sua constituição, remete-nos à questão do tipo de sociedade e de cultura em que estamos inseridos. Contrapor-nos à cultura da violência é necessário e implica construirmos uma cultura da paz.

Paz é muito mais que ausência de guerra, paz não se confunde com consenso e monotonia, paz é uma relação profunda, autêntica e saudável consigo mesmo, um estar no mundo que se estende em direção aos outros, nossos semelhantes, iguais e plenos de dignidade e cidadania não negada de direitos humanos e sociais.

O direito à cidade, estendido aos segmentos populares, insere-se nas lutas contra os mecanismos da espoliação urbana, que emergiram nas décadas de 1970/1980 em cidades latino-americanas e têm se projetado nos programas de urbanização de favelas, nos moldes da política econômica neoliberal. No Brasil, em 2001, o Estatuto da Cidade foi aprovado como lei nacional, para intervir no mercado de terras e sustar mecanismos de *exclusão social*, com novo enfoque no desenvolvimento urbano. Os projetos de revitalização das zonas pobres de Mumbai, na Índia, por exemplo – onde cerca de 60% da população de 11 milhões vive em favelas que ocupam 8% da área da cidade –, devem-se a trabalhos de arquitetura com foco ambiental (*Carta Capital*, 2008). Uma consciência do significado das cidades tende a alertar a sociedade para a numerosa população que vive privada dos benefícios urbanos e reabre continuamente a questão premente da necessidade de inclusão social, rompendo com a dicotomia inclusão/exclusão sociais.

Para reter o conhecimento

1) Por que o Brasil é hoje predominantemente urbano?

2) O que motiva as pessoas a migrarem de uma região para outra ou para um outro país?

3) Como se deu o processo de urbanização no Brasil?

4) Podemos associar a cidade à violência? Como Oliven discute essa questão?

5) O que pode ser considerado violência, de acordo com seu conceito ampliado?

6) Quais são as possíveis explicações para o crescimento da violência?

A realidade clama à ciência

Leitura 1: Dupas, 2005.

"[...] há que ressaltar o crescente problema dos fluxos migratórios de populações pobres em direção a países ricos, decorrência da contínua concentração de riqueza e oportunidades. Um caso paradigmático dessa questão mais uma vez é o México. Dono da fronteira mais extensa de um país periférico com outro central e de um verdadeiro abismo entre as rendas dos dois países, o fluxo migratório legal e, principalmente, clandestino de mexicanos para os Estados Unidos está se transformando em celeuma [...] como se constatou com o recente ensaio de Samuel Huntington (2004), presidente da Academia de Estudos Internacionais e Regionais de Harvard, que observou [...]: 'contínuo fluxo de imigrantes hispânicos ameaça dividir os Estados Unidos em dois povos, duas culturas e duas línguas [...] formando seus próprios enclaves [...] e rejeitando os valores anglo-protestantes que constituiriam o sonho americano'" (Dupas, 2005, p. 73-74).

1) O texto aponta para o problema da imigração nos Estados Unidos. De acordo com o capítulo, a imigração é um problema apenas daquele país?

2) Qual é a visão de um norte-americano sobre a imigração, descrita por Gilberto Dupas? Como você avalia essa visão?

3) Você conhece algum brasileiro que emigrou? Qual foi a motivação?

4) Discuta em grupo o fenômeno do neonazismo e possíveis explicações para a sua existência. A seguir, apresente as suas conclusões para a turma.

5) Assista ao filme *A outra história americana* observando os seguintes aspectos:

a) nome do filme e do seu diretor, período em que foi produzido; b) a temática básica do filme; c) especifique o tempo e o espaço em que se dá a trama; d) os personagens principais; o que pensam; o que retratam; e) ideias e valores que transparecem no filme; f) valores e ideias questionados pelo filme; g) semelhanças com a realidade atual.

O olhar da Sociologia no mundo
Leitura 2: Kowarick e Ant, 1998.

"O processo de periferização decorre de uma teia interligada de fatores, entre os quais, o principal reside no próprio avanço da industrialização que, ao expandir, cria novos e mais diversificados núcleos. [...] a partir de 1930 afluem para São Paulo volumosas levas de migrantes, quando a cidade passa a ter mais de um milhão de habitantes. Nesse período o aluguel ainda continua a ser a forma predominante, mas já se esboça o espraiamento da moradia das classes trabalhadoras pelos embrionários centros que se espalham por espaços mais dispersos e expandidos. Se a periferização decorre do avanço da industrialização, ela só seria possível com a alteração do sistema de transporte: a linha de ônibus passa a viabilizar longínquas zonas habitáveis ao unir a moradia ao local de emprego e fator de intensa especulação imobiliária" (Kowarick e Ant, 1988, p. 57).

1) O texto refere-se ao início da industrialização em São Paulo. Atualmente, quais são os principais problemas nas grandes cidades?

Trabalho em equipe:

1) Em equipe, façam um levantamento sobre a sua cidade destacando os seguintes aspectos:
a) Condições gerais dos bairros onde se concentra a população mais pobre;
b) Contrastes identificados entre os bairros;
c) Condições do transporte público;
d) Existência de favelas;
2) Quais seriam, na avaliação da equipe, as soluções para resolver os principais problemas da sua cidade?

Leia mais

DAVIS, Mike. *Cidade de quartzo*: escavando o futuro em Los Angeles. São Paulo: Scritta, 1993.
   Através de uma viagem no tempo e não no espaço, o autor faz um estudo de caso sobre Los Angeles, o que ajuda a compreender as grandes cidades contemporâneas, os fluxos migratórios e a horizontalização do espaço urbano.

FREITAG, Bárbara. *Cidade dos homens*. Rio de Janeiro: Tempo Brasileiro: 2002.
   Estudo sobre o espaço urbano com recursos da Literatura e da Psicologia, explorando não apenas a dimensão espacial e estrutural da cidade, mas aquela que se encontra na consciência da sociedade.

LIMA, Paulo Sérgio; PAULA, Liana de (orgs.). *Segurança pública e violência*: o Estado está cumprindo seu papel? São Paulo: Contexto, 2006.
   Com análise do crime como uma das dimensões da violência no Brasil, a obra discute o papel do estado na constituição da segurança pública.

PEDROSO, Regina Célia. *Violência e cidadania no Brasil*: 500 anos de exclusão. São Paulo: Ática, 1999.
   Obra documentada com imagens, apresenta as origens da violência desde os tempos do Brasil colônia até a atualidade. Reflexões sobre a violência, considerada resposta a um sistema econômico, político e social marcado pela desigualdade e injustiças.

SALEN, Tania. *As tribos do mal*: o neonazismo no Brasil e no mundo. São Paulo: Atual, 1995.
   Apresenta o ressurgimento do neonazismo em diversas partes do mundo e no Brasil, principais grupos neonazistas, suas ideologias, comportamentos e formas de divulgação.

Tela crítica

WEST SIDE STORY. Direção de Robert Wise e Jerome Robbins, Estados Unidos, 1961.

    Musical que recompõe, na Nova Iorque de 1950, os conflitos entre gangues de rua, expondo a rivalidade entre grupos étnicos (americanos e latino-americanos).

CIDADE DE DEUS. Direção de Fernando Meirelles (codireção de Katia Lund), Brasil, 2002.

    O filme se passa no conjunto habitacional Cidade de Deus, zona oeste do Rio de Janeiro, e mostra a vida do crime, iniciada ainda na infância. Também nos remete à reflexão sobre a ausência do Estado numa comunidade pobre.

Biografias

ADORNO, Theodor (1903-1969)

Filósofo alemão da Escola de Frankfurt, que tratou da importância do desenvolvimento estético para a história. Escreveu *Filosofia da música moderna* [1949] e *Filosofia estética* [publicado em 1970].

ARENDT, Hannah (1906-1975)

Filósofa política alemã, estudiosa dos regimes autoritários. Defensora dos direitos individuais e da família, dos direitos dos trabalhadores, da desobediência civil, atuou contra a Guerra do Vietnã. Entre suas obras, podemos citar *As origens do totalitarismo* [1951], *Eichmann em Jerusalém* [1963] e *Sobre a revolução* [1963]. No Brasil, o seu livro mais conhecido é *A condição humana* [1958].

BECK, Ulrich (1944-)

Sociólogo alemão, que atuou na Universidade de Munique como pesquisador e é professor universitário na mesma universidade. É editor da revista sociológica *Soziale Welt* desde 1980. Publicou inúmeros artigos sobre modernização, individualização e globalização, capitalismo e cosmopolitismo. Beck cunhou os conceitos "sociedade de risco" e "segunda modernidade". Escreveu: *Sociedade de risco: rumo a uma nova modernidade* [1992]; *Modernização reflexiva: política, tradição e estética na ordem social moderna* [1994] em colaboração, entre outros.

BENJAMIN, Walter (1891-1940)

Crítico literário, ensaísta e poeta que se destacou na Sociologia da Literatura, no âmbito da Escola de Frankfurt. *A obra de arte na era da sua reprodutibilidade técnica* [1936] e *Teses sobre o conceito de história* [1940] estão entre suas obras mais conhecidas.

BOURDIEU, Pierre (1930-2002)

Sociólogo francês, foi diretor de investigações na École des Hautes Études en Sciences Sociales e professor no College de France. Sua obra é referência nas ciências sociais e contribuiu para o entendimento dos bens simbólicos. Escreveu: *A profissão de sociólogo* [1968], em colaboração; *A reprodução: elementos para uma teoria do sistema de ensino* [1970], em colaboração; *A distinção* [1979]; *Razões práticas* [1980]; *O poder simbólico* [1989].

CASTEL, Robert (1933-)

Sociólogo francês, foi diretor de estudos da École des Hautes Études en Sciences Sociales, Paris. Publicou no Brasil *As metamorfoses da questão social: uma crônica do salário* [1995], em que recupera as dimensões antropológicas e históricas da sociedade salarial.

COMTE, August (1798-1857)

Filósofo francês, fundador do positivismo e precursor da Sociologia. Suas obras: *Curso de filosofia positiva* [1841]; *Sistema de política positiva* [1852].

DARWIN, Charles (1809-1882)

Naturalista inglês, atuou como geólogo, botânico, zoólogo, durante a expedição do navio Beagle, que percorreu vários continentes. Desenvolveu pesquisas que o levaram a elaborar a Teoria da Evolução, consolidada no livro *Origem das espécies* [1859], cujos princípios são quase totalmente aceitos pelos cientistas ainda hoje.

DESCARTES, René (1596-1650)

Filósofo, matemático e físico francês. Criou a geometria analítica e propôs um método científico e uma metafísica, definindo a lógica da ideia baseada na dedução que parte do simples para o complexo. Suas obras: *Regras para a conduta do espírito* [1628]; *Discurso do método* [1637]; *Meditações metafísicas* [1641]; *Princípios da filosofia* [1644].

DURKHEIM, Émile (1858-1917)

Sociólogo, um dos fundadores da escola sociológica francesa. Escreveu: *A divisão do trabalho social* [1893]; *As regras do método sociológico* [1895]; *O suicídio* [1897]; *As formas elementares da vida religiosa* [1912]. Em 1896, fundou *L'Année Sociologique,* jornal de teoria e pesquisa sociológicas na França.

ECO, Umberto (1932 -)

Italiano, estuda fenômenos de comunicação e cultura de massa. É escritor, crítico e professor de semiótica. Um de seus livros mais famosos é *O nome da Rosa*.

ENGELS, Friedrich (1820-1895)

Teórico socialista alemão, autodidata, fez parceria com Karl Marx e foi um dos criadores do materialismo histórico. Promoveu a publicação de *O capital*, após a morte de Marx. Publicou: *A situação da classe operária na Inglaterra* [1845]; *Manifesto comunista* [1848], em colaboração com Marx; *A guerra dos camponeses na Alemanha* [1850]; *As origens da família, da propriedade privada e do estado* [1895].

FORD, Henry (1863-1947)

Empresário norte-americano, pioneiro da indústria automobilística, na qual implantou a produção em série e a padronização de peças e dos veículos. Em 1902, fundou a Henry Ford Company.

FOUCAULT, Michel (1926-1984)

Francês, psicólogo e psicopatologista, filósofo do conhecimento, professor universitário em várias instituições francesas. Foucault elaborou análises sobre temas como: loucura, sexualidade, poder, epistemologia e outros objetos da análise sociológica. Entre suas obras, destacam-se: *História da loucura na idade clássica* [1961]; *As palavras e as coisas* [1966]; *Vigiar e punir* [1975]; *História da sexualidade* [diversos volumes, publicados em 1976, 1984 e 2006]; *Microfísica do poder* [1979].

FROMM, Eric (1900-1980)

Psicanalista e escritor alemão, analisou como a sociedade e a cultura influenciam o comportamento do indivíduo. Em seus estudos promoveu o diálogo entre o marxismo e a psicanálise. Entre seus livros mais conhecidos estão: *O medo da liberdade* [1941], *A sociedade sã* e *A arte de amar*.

HABERMAS, Jürgen (1929-)

Sociólogo e filósofo alemão da Escola de Frankfurt, aliou a Sociologia e a Filosofia em suas reflexões. Publicou *Entre a filosofia e a ciência: o marxismo como crítica* [1961]. Abordou as relações entre linguagem e sociedade, e em 1981 publicou *Teoria da ação comunicativa*, obra que ganhou grande destaque nos meios acadêmicos.

HOBBES, Thomas (1588-1679)

Filósofo inglês, autor de teorias contratualistas, escreveu *Leviatã* [1651].

HORKHEIMER, Max (1895-1973)

Filósofo alemão da Escola de Frankfurt, que no âmbito da teoria crítica, publica juntamente com Adorno o livro *Dialética do esclarecimento*. Faz uma crítica à razão instrumental e desenvolve uma teoria que pode ser classificada como marxismo não ortodoxo.

HUSSERL, Edmund (1859-1938)

Filósofo alemão que criticou o naturalismo e o historicismo e contribuiu para a construção da escola fenomenológica.

IANNI, Octávio (1926-2004)

Sociólogo brasileiro, cuja produção intelectual pauta-se em estudos sobre questões étnicas, culturais e de classe, além de teoria sociológica, política e desenvolvimento. Escreveu: *As metamorfoses do escravo* [1962]; *Política e revolução social no Brasil* [1965]; *Estado e capitalismo no Brasil* [1965]; *Raças e classes sociais no Brasil* [1966]; *O colapso do populismo no Brasil* [1968]; *Classe e nação* [1986]; *A sociedade global* [1992]; *Teorias da globalização* [1995].

KEYNES, John Maynard (1883-1946)

Economista britânico, fundador de uma doutrina – o keynesianismo –, segundo a qual o Estado deveria garantir o pleno emprego, exercendo influência sobre os governos dos países ocidentais.

LOCKE, John (1632-1704)

Filósofo inglês, iluminista, que propôs um contrato entre governantes e governados, com direitos e deveres de cada um expressos numa Constituição. Propôs também que a fonte do conhecimento são as experiências. Autor de *Tratado sobre o governo: cartas sobre tolerância*.

MARCUSE, Herbert (1898-1979)

Sociólogo, filósofo, ativista político. Crítico da sociedade capitalista que, com suas obras *Eros e civilização* [1955] e *O homem unidimensional* [1964], influenciou os movimentos estudantis de esquerda dos anos 1960.

MARX, Karl (1818-1883)

Filósofo e economista alemão, que fundamentou a dinâmica da sociedade capitalista moderna, através de sua obra: *Manuscritos de 1844* e *A sagrada família* [1844], em colaboração com Engels; *A ideologia alemã* [1845], em colaboração com Engels; *Miséria da filosofia* [1847], em resposta ao livro de Proudhon *Filosofia da miséria* [1846]; *Manifesto do Partido Comunista* [1848], em colaboração com Engels; *O Capital* [1867-1905].

MONTESQUIEU, Charles (1689-1755)

Escritor francês do Iluminismo. Propôs a separação e distinção dos três poderes do governo: legislativo, executivo e judiciário, de maneira que se viagiassem entre si. Autor de *Considerações sobre as causas da grandeza dos romanos e de sua decadência* [1734] e *Espírito das leis* [1748], obra que se tornou fonte das doutrinas constitucionais liberais.

MORIN, Edgar (1921-)

Sociólogo, historiador, geógrafo e filósofo francês, com formação em Direito, migrou para a Epistemologia, investigador renomado, produziu subsídios para uma teoria da complexidade. Escreveu: *O problema epistemológico da complexidade* [1985]; *Introdução ao pensamento complexo* [1990]; *Ciência com consciência* [1999]; *O método* [2001].

PARETO, Vilfredo (1848-1923)

Sociólogo e economista italiano, que produziu uma teoria das elites. Seus escritos: *Curso de economia política* [1896-1897]; *Os sistemas socialistas* [1901-1902]; *Transformações da democracia* [1921].

PARSONS, Talcott (1902-1979)

Sociólogo norte-americano que estabeleceu uma Sociologia da ação a partir do comportamento do indivíduo. Suas obras: *A estrutura da ação social* [1937]; *O sistema social* [1951]; *Teoria sociológica e sociedade moderna* [1967].

ROOSEVELT, Franklin Delano (1882-1945)

Foi presidente dos Estados Unidos, em 1933, reeleito em 1936, 1940 e 1944, responsável pela restauração da economia do país (*New Deal*), após a crise de 1929-1932. Contribuiu para a vitória aliada na Segunda Guerra Mundial.

ROUSSEAU, Jean-Jacques (1712-1778)

Escritor suíço, que renovou as ideias em política e educação, influenciando as mudanças da Revolução Francesa. Para ele, o governo tem a função de executar a vontade do povo e este tem o direito de destituir o governo quando for arbitrário no poder. Escreveu: *Discurso sobre as ciências e as artes* [1750]; *Do contrato social, Emílio* [1762].

SIMMEL, Georg (1858-1917)

Filósofo e sociólogo alemão, foi o teórico da interação social, concebendo a sociedade como uma realidade externa aos indivíduos. Escritor prolífico, na área sociológica escreveu: *Filosofia do dinheiro* [1900]; *Sociologia* [1908].

SMITH, Adam (1723-1790)

Economista e filósofo escocês. Sistematizou estudos sobre leis de mercado e a concepção da economia como ciência. Condenava o mercantilismo e considerou, ao contrário dos fisiocratas, o trabalho e não a terra como fonte de riqueza. Escreveu *Pesquisa sobre a natureza e as causas da riqueza das nações* [1776], considerada a cartilha do capitalismo liberal.

SOUSA SANTOS, Boaventura de (1940-)

Sociólogo português, professor catedrático da Faculdade de Economia da Universidade de Coimbra e professor visitante em diversas universidades; diretor do CES (Centro de Estudos Sociais da Faculdade de Economia de Coimbra) e diretor da *Revista Crítica de Ciências Sociais*. Escreveu: *Introdução a uma ciência pós-moderna* [1989]; *Pela mão de Alice: o social e o político na pós-modernidade* [1994]; *La globalización del derecho: los nuevos caminos de la regulación y la emancipación* [1998]; *A crítica da razão indolente: contra o desperdício da experiência* [2000], entre outros.

SPENCER, Herbert (1820-1903)

Filósofo inglês, pensador evolucionista e organicista, que escreveu: *Um sistema de filosofia sintética* [1862-1893]; *A classificação das ciências* [1864]; *Os fatores da evolução orgânica* [1887].

TAYLOR, Frederick Winslow (1856-1915)

Engenheiro e economista norte-americano, que propôs a organização científica do trabalho com inúmeras técnicas, entre elas a cronometragem dos tempos de trabalho e as transmissões por correias.

TÖNNIES, Ferdinand (1855-1936)

Sociólogo alemão, cofundador da Sociedade Alemã de Sociologia (1909). Uma de suas contribuições importantes para a Sociologia consistiu na clássica distinção entre comunidade (*Gemeinschaft*) e sociedade (*Gesellschaft*).

WEBER, Max (1864-1920)

Economista e sociólogo alemão, que produziu uma Sociologia compreensiva, tratando da questão de julgamentos de valor. Escreveu: *A ética protestante e o espírito do capitalismo* [1904-1905]; *Ensaios sobre algumas categorias da sociologia compreensiva* [1913]; *Economia e sociedade* [1922].

Glossário

Cercamentos dos campos
Política adotada a partir do século XVI, na Inglaterra, na qual os grandes proprietários de terras, apoiados em decretos reais, se apoderaram das terras comunais (bosques, florestas) para criar ovelhas (produção de lã), privando os camponeses da terra e dando início ao êxodo rural.

Complexidade
Designa uma forma de pensar e de apreensão ampla e organizadora dos dados; que busca relacionar o todo e a parte; a não-hierarquização dos saberes e a reafirmação da interdependência das múltiplas dimensões da realidade.

Dedução
Trata-se do raciocínio que parte de um conceito amplo e abstrato e atinge um contexto específico da realidade estudada.

Exclusão social
Processo que afasta ou impede a adequada integração dos indivíduos na sociedade, dificulta ou impossibilita seu acesso ao mercado de trabalho formal, ao consumo necessário para sua subsistência e de sua família, às instituições educacionais e à qualificação profissional, ao sistema de saúde e aos direitos sociais básicos. Entre os critérios de exclusão estão a renda, o preconceito e a discriminação social-étnico-racial, de gênero, geracional e aos portadores de necessidades especiais. Uma das causas da exclusão é a desigualdade social devido à concentração de renda e de poder. As novas formas de exclusão social estão ligadas ao aumento do desemprego, à precarização do trabalho e às exigências de qualificação ligadas à tecnologia informacional.

Globalização
Fenômeno ampliado de natureza político-social de internacionalização da economia, que afeta a cultura das sociedades, acelerado nas últimas décadas do século XX. Foi possibilitado pelas novas tecnologias de informação, pela expansão das empresas transnacionais e o encolhimento dos Estados nacionais.

Guerra Fria
A historiografia data oficialmente o seu início em 1947 e o término em 1991, embora o marco da derrocada da ex-URSS tenha sido a queda do Muro de Berlim, em 1989. A expressão Guerra Fria diz respeito à tensão entre URSS e EUA. O conceito passou a ser empregado para caracterizar o confronto político, militar, ideológico e econômico entre os dois países.

Identidade social
Constitui-se na percepção que toda pessoa tem a respeito de si mesma e das orientações que dá à sua vida; envolve também a

experiência e a consciência de pertencimento a um coletivo, além do compartilhamento de um referencial comum. As identidades, pessoal e social, encontram-se imbricadas.

Iluminismo
Movimento sociopolítico e cultural, no século XVIII, considerado a ideologia de uma classe social específica, a burguesia, desejosa de abolir o mercantilismo e o absolutismo. No plano político, questionou a Teoria do Direito Divino dos reis, afirmando que o poder emana do povo. No plano econômico, questionou a intervenção do Estado no comércio e nas manufaturas, pregando a liberdade econômica. Seus principais representantes foram Locke, Montesquieu e Rousseau.

Indução
Trata-se de raciocínios ou proposições resultantes das análises e experimentações de fatos, afirmações e hipóteses, que permitem alguma conclusão geral.

Interação social
É o processo de comunicação que se estabelece nas sociedades a partir de relações sociais entre indivíduos e grupos sociais. Nesse processo de ação recíproca, há uma influência mútua de uns sobre os outros.

Mercadoria
Todo tipo de bem, tangível ou intangível, ao qual, pelo trabalho, foi incorporado valor com objetivo de troca no mercado. Na perspectiva marxista, a mercadoria esconde as relações sociais envolvidas na sua produção, ocultando em sua aparência a troca de trabalhos sociais nela cristalizados.

Modernidade

Pautada no movimento de profundas transformações econômicas, sociais, políticas e culturais, a modernidade abraçou as ideias de progresso, de controle da natureza pela ciência, de compreensão do mundo, de sujeitos, de justiça. Costuma-se situá-la a partir do século XVIII. A modernidade está ligada à ciência objetiva, à neutralidade, à crença no progresso da razão, à construção teórica do positivismo, ao planejamento racional. Também está associada à era da produção em massa, ao consumidor-massa, à cidade grande, ao Estado-nação.

Modo de produção capitalista

Consolidou-se no século XVIII com as chamadas "revoluções burguesas", por ser uma organização da produção assentada sobre a divisão do trabalho entre os proprietários do meios materiais de produção e os proprietários da força de trabalho. O resultado é a riqueza concentrada, a acumulação.

Mundo do trabalho

Refere-se a vários aspectos que envolvem o trabalho, desde as relações de trabalho, condições de vida da classe trabalhadora, composição social dessa mesma classe e suas formas de organização para a defesa dos seus interesses.

Neocolonialismo

É um conceito que se aplica à dominação política e econômica de um país sobre outro. Em fins do século XIX, início do século XX, 85% do planeta estava sob domínio de alguma potência – país industrializados – que dominava diretamente a África e a Ásia e, indiretamente, a América Latina. Mesmo com a independência política de muitos países colonizados, foi mantida a dominação econômica e cultural. A essa fase denomina-se como a era do imperialismo.

Preconceitos

Conceitos e ideias prévias que levam a excluir outros e a não aceitar o diferente, aquele que não pensa e vive como a maioria. Formam-se nos grupos sociais aos quais se integram os indivíduos.

Processo de transnacionalização

O prefixo "trans" significa o que ultrapassa, o que está além e entre as partes. O processo de transnacionalização refere-se aos fenômenos que ultrapassam as fronteiras locais ou nacionais e derivam da internacionalização econômica e cultural. Estão ligados a dinâmicas fluidas locais/globais, sejam na esfera econômica, sejam na esfera cultural. As empresas multinacionais passaram a ser denominadas transnacionais, em decorrência das transformações advindas da globalização, por percorrerem diversos países para obter maiores ganhos.

Relações de dominação

O poder que alguns indivíduos exercem sobre outros. Pressupõe subordinação, submissão e mecanismos de controle da parte de quem exerce a dominação. Foucault (1990) identifica as relações de dominação nas microesferas da vida social e não somente nas relações políticas amplas e institucionalizadas.

Relações de gênero

São as relações de poder que se estabelecem entre homens e mulheres no âmbito da sociedade. São construídas culturalmente e permitem estabelecer convenções sociais para regular as relações de cunho doméstico e entre os indivíduos no mercado de trabalho.

Socialização

Processo contínuo que prepara o indivíduo para a sociedade. Processo pelo qual o indivíduo aprende a se relacionar com sua cultura e com os semelhantes, aprendendo os valores, costumes, tradições e modos de vida específicos da cultura em que está inserido. A família, a escola e as instituições religiosas também se encarregam da socialização do indivíduo.

Sociedade civil
Conjunto de cidadãos que integram uma nação e que não fazem parte dos poderes governamentais ou da esfera militar. Geralmente, o termo é usado para designar um grupo de cidadãos organizados em defesa de uma causa social. Pode ser tomada como o conjunto das organizações e instituições dentro de uma sociedade no âmbito do Estado, minado de conflitos de diversas ordens: sociais, econômicos, ideológicos. Atualmente, há também a referência à "sociedade civil organizada": organizações como ONGs, cooperativas, conselhos etc.

Sociedade pós-industrial
Refere-se ao desenvolvimento recente da sociedade capitalista, especialmente às mudanças nas formas de organização da produção e do mercado de trabalho, pós-década de 1970, que estariam gerando cada vez menos emprego formal no setor industrial. Também diz respeito às mudanças nos modos de vida, transformados pelas novas tecnologias, que afetam a nossa rotina e fazem aumentar o setor terciário ou o setor de serviços. Denominada pós-industrial ou mesmo sociedade dos serviços, este conceito pretende demarcar um período em que o trabalho assalariado formal vem substituindo outras formas contratuais, autônomas e flexíveis.

Bibliografia

ADORNO, Theodor. A indústria cultural. In: COHN, Gabriel (org.). *Comunicação e indústria cultural*. 5. ed. São Paulo: T. A. Queiroz, 1987.

ALEXANDER, Jeffrey C. A importância dos clássicos. In: GIDDENS, Anthony; TURNER, Jonathan (orgs.). *Teoria social hoje*. São Paulo: Ed. Unesp, 1999, p. 23-90.

ALTHUSSER, Louis. *Ideologia e aparelhos ideológicos do estado*. Lisboa: Presença, 1970.

ALVES, Rubem. *Correio Popular*, Campinas, 5 maio 2002. Disponível em: <http://www.rubemalves.com.br/quartodebadulaquesX.htm>. Acesso em: 14 out. 2008.

ANTUNES. Ricardo. *Os sentidos do trabalho*. 2. ed. São Paulo: Boitempo, 2001.

_____. *O caracol e sua concha*: ensaios sobre a nova morfologia do trabalho. São Paulo: Boitempo, 2005.

AQUINO, Ruben Santos Leão et al. *História das sociedades modernas às sociedades atuais*. 36. ed. Rio de Janeiro: Ao Livro Técnico, 1997.

ARAÚJO, Silvia M. de. As várias faces da ideologia. In: CORREA, A. (org.). *Para filosofar*. 5. ed. (edição reformulada). São Paulo: Scipione, 2007, p. 153-180.

ARENDT, Hannah. *A condição humana*. 10. ed. São Paulo: Forense Universitária, 2003.

ARON, Raymond. *Estudos sociológicos*. Rio de Janeiro: Editora Bertrand Brasil, 1991.

BAUMAN, Zygmunt. *Em busca da política*. Rio de Janeiro: Jorge Zahar, 2000.

BECK, Ulrich. A reivenção da política: rumo a uma teoria da modernização reflexiva. In: BECK, U.; GIDDENS, A.; LASH, S. *Modernização reflexiva*: política, tradição e estética na ordem social moderna. São Paulo: Ed. Unesp, 1997.

BERMANN, Marshall. *Tudo que é sólido desmancha no ar*: a aventura da modernidade. São Paulo: Companhia das Letras, 1987.

BEYNON, Huw. *Trabalhando para a Ford*. São Paulo: Paz e Terra, 1995.

BOURDIEU, Pierre. Lições da aula; aula inaugural proferida no Collège de France, em 1982. In: *Lições da aula*. São Paulo: Ática, 1988.

_____. *O poder simbólico*. Lisboa: Difel; Rio de Janeiro: Bertrand Brasil, 1989.

_____. Gostos de classe e estilos de vida. In: ORTIZ, Renato (org.). *Sociologia:* Pierre Bourdieu. São Paulo: Ática, 1993 [1983/1976], p. 82-120.

BRASIL. Constituição (1988). Constituição da República Federativa do Brasil: Texto constitucional promulgado em 5 de outubro de 1988, com as alterações das Emendas Constitucionais n. 1/92 a 44/2004 e das Emendas Constitucionais de Revisão n. 1 a 6/94. Brasília: Senado Federal, Subsecretaria de Edições Técnicas, 2004, p. 20-21.

BRECHT, Berthold. *Perguntas de um trabalhador que lê*: poemas/1913-1956. Trad. Paulo César Souza. São Paulo: Brasiliense, 1986, p. 167.

BRENER, Jayme. *Regimes políticos*. São Paulo: Scipione, 1994.

BRIDI, Maria Aparecida. *O sindicalismo e trabalho em transição e o redimensionamento da crise sindical*. Curitiba, 2005. Dissertação (Mestrado) – Universidade Federal do Paraná, UFPR.

BUARQUE DE HOLANDA, Aurélio. *Novo dicionário da língua portuguesa*. Rio de Janeiro: Nova Fronteira, 1975.

CARNIERI, Helena. Lei anti-imigração não deixará a União Europeia livre de ilegais. *Gazeta do Povo*. Curitiba, domingo, 29 jun. 2008.

CARTA CAPITAL. Globalização de estado. São Paulo, 7 nov. 2007, p. 46.

_____. O arquiteto-ativista. São Paulo, 30 jul. 2008, p. 68-69.

CARVALHO, José Murilo de. *Desenvolvimento de la ciudadanía en Brasil*. México: Fondo de Cultura Económica, 1995.

CASTELLS, Manuel. *A sociedade em rede*. *A era da informação*: economia, sociedade e cultura. São Paulo: Paz e Terra, 1999, v. 1.

CASTEL, Robert. *As metamorfoses da questão social:* uma crônica do salário. Petrópolis: Vozes, 1998.

CASTRO, Anna Maria de; DIAS, Edmundo Fernandes. *Introdução ao pensamento sociológico*. Rio de Janeiro: Eldorado, 1974.

CHESNAIS, François. *A mundialização do capital*. São Paulo: Xamã, 1996.

COHN, Gabriel. *Sociologia da comunicação*: teoria e ideologia. São Paulo: Pioneira, 1973.

_____ (org.). *Sociologia*: para ler os clássicos. Rio de Janeiro: Livros Técnicos e Científicos, 1977.

COSTA LIMA, Luiz. Comunicação e cultura de massa. In: _____ (org.). *Teoria da cultura de massa*. 3. ed. Rio de Janeiro: Paz e Terra, 1982.

DAYRELL, Juarez. *Educação do aluno trabalhador*: uma abordagem alternativa. Educ. Rev. Belo Horizonte (15), junho 1992.

DEJOURS, Christophe. *A loucura do trabalho*. São Paulo: Cortez/Oboré, 1992.

DEMO, Pedro. *Sociologia*: uma introdução crítica. São Paulo: Atlas, 1983.

DI GIOVANNI, Geraldo; PRONI, Marcelo W. Metamorfose do Estado, proteção social e cidadania. In: DEDECCA, Cláudio S.; PRONI Marcelo W. (orgs.). *Economia e proteção social*. Campinas: Unicamp, 2006, p. 161-177.

DOMINGUES, José Maurício. *Teorias sociológicas no século XX*. Rio de Janeiro: Civilização Brasileira, 2001.

DOWBOR, Ladislau. *A reprodução social*: propostas para uma gestão descentralizada. Petrópolis: Vozes, 1999.

DREIFUSS, A. *A época das perplexidades*. *Mundialização, globalização, planetarização*: novos desafios. Petrópolis: Vozes, 1996.

DUMÉNIL, Gérard; LÉVY, Dominique. Superação da crise, ameaças de crises e novo capitalismo. In: CHESNAIS, François. *Uma nova fase do capitalismo?* São Paulo: Xamã, 2003, p. 15-42.

Dupas, Gilberto. *Ética e poder na sociedade da informação*. 2. ed. São Paulo: Ed. Unesp, 2001.

_____. *Atores e poderes na nova ordem global*: assimetrias, instabilidades e imperativos de legitimação. São Paulo: Ed. Unesp, 2005.

Durkheim, Émile. *De la división del trabajo social*. Buenos Aires: Schapire, 1973.

_____. Aula inaugural do curso de Ciências Sociais, Bourdeaux, 1887. In: Castro, Anna Maria de; Dias, Edmundo Fernandes. *Introdução ao pensamento sociológico*. Rio de Janeiro: Eldorado, 1974.

_____. *As regras do método sociológico*. 14. ed. São Paulo: Nacional. 1990.

Eco, Umberto. *Lector in fabula*. São Paulo: Perspectiva, 1986.

_____. *Apocalípticos e integrados*. São Paulo: Perspectiva, 1987.

Engels, Friedrich. *A origem da família, da propriedade privada e do estado*. São Paulo: Global, 1984.

Erthal, João. Paraíso distante. *Carta Capital*. São Paulo, 18 abr. 2007, p. 10-17.

Faoro, Raimundo. *Os donos do poder*. Porto Alegre: Globo, 1975.

Faria, Juliana. Darfur: a primeira vergonha do século XXI. *Leituras da História*, Especial. São Paulo, n. 2, ano I, 2008, p. 78-79.

Foucault, Michel. *Vigiar e punir*. Petrópolis: Vozes, 1977.

_____. *Microfísica do poder*. 9. ed. Rio de Janeiro: Graal, 1990.

Freitag, Bárbara. *A teoria crítica ontem e hoje*. São Paulo: Brasiliense, 2004.

Galeano, Eduardo. *O livro dos abraços*. Porto Alegre: L&PM, 2006.

Garcia, Jesus. Negociação coletiva de trabalho. *São Paulo em Perspectiva*. São Paulo, Revista da Fundação Seade v. 12, n. 1, 1998.

Gazeta do Povo. Disponível em: <portal.rpc.com.br/gazetadopovo/economia/conteúdo>. Acesso em: 22 maio 2008.

Giddens, Anthony. *A estrutura de classes das sociedades avançadas*. Rio de Janeiro: Zahar, 1975.

Giles, Thomas Ranson. *Estado, poder, ideologia*. São Paulo: EPU, 1985.

Gomez, L. *Opinión pública y medios de difusión*. Quito: Ciespal, 1982.

O Globo Online. Trio americano vence Nobel de Economia 2007. Disponível em: <http://portal.rpc.com.br/gazetadopovo/economia/conteudo.phtml?tl=1&id=704697&tit=Trio-norte-americano-ganha-Nobel-de-Economia-2007>. Acesso em: 6 nov. 2008.

Gramsci, Antonio. *Poder, política e partido*. São Paulo: Brasiliense, 1990.

Gruppi, Luciano. *Tudo começou com Maquiavel*: as concepções de estado em Marx, Engels, Lênin e Gramsci. Porto Alegre: L&PM, 1980.

Habermas, Jürgen. *Técnica e ciência enquanto ideologia*. São Paulo: Abril Cultural, 1975, v. XLVIII, p. 303-333. (Os pensadores.)

_____. *Teoria da ação comunicativa*. Roma: Moulino, 1980, 2v.

_____. *Mudança estrutural da esfera pública*. Rio de Janeiro: Tempo Brasileiro, 1984.

Harvey, David. *A condição pós-moderna*: uma pesquisa sobre as origens da mudança cultural. São Paulo: Loyola, 1993.

Hobsbawm, Eric. *Sobre história*. São Paulo: Companhia das Letras, 1998.

Houaiss, Antonio; Villar, Mauro. *Dicionário Houaiss da língua portuguesa*. Rio de Janeiro: Objetiva, 2001.

Ianni, Otávio (org.). *Karl Marx*: sociologia. São Paulo: Ática, 1979.

_____. *Dialética e capitalismo*: ensaio sobre o pensamento de Marx. Petrópolis: Vozes, 1982.

_____. *Teorias da globalização*. Rio de Janeiro: Civilização Brasileira, 1995.

_____. *A era do globalismo*. Rio de Janeiro: Civilização Brasileira, 1996.

IPEA. *Radar social*. Brasília: Ipea, 2005.

KOWARICK, Lúcio; ANT, Clara. Cem anos de promiscuidade: o cortiço na cidade de São Paulo. In: KOWARICK, L. (org.). *As lutas sociais e a cidade*. Rio de Janeiro: Paz e Terra, 1988, p. 49-71.

MANNHEIM, Karl. *Ideologia e utopia*. Rio de Janeiro: Zahar, 1976.

MARX, Karl. *O capital*. 3. ed. Rio de Janeiro: Civilização Brasileira, 1975.

_____. Prefácio à edição de 1859. *Contribuição à crítica da economia política*. São Paulo: Martins Fontes, 1977a.

_____. O Dezoito Brumário de Luís Bonaparte. In: MARX; K.; ENGELS, F. *Textos*. São Paulo: Edições Sociais, 1977b, p. 199-285.

_____; ENGELS, Frederich. *A ideologia alemã*. 4. ed. São Paulo: Hucitec, 1984.

MATTELART, Armand. Hacia una teoria crítica de la comunicación. *Memórias de la Semana Internacional de la Comunicación*. Bogotá, Série Cuadernos, n. 29, 1981, p. 167-181.

_____. *Comunicação-mundo*: história das ideias e das estratégias. Rio de Janeiro: Vozes, 1994.

McLUHAN, Marshall. *Os meios de comunicação como extensões do homem*. São Paulo: Cultrix, 1968.

_____. *A galáxia de Gutenberg*. São Paulo: Companhia Editora Nacional, 1972.

MÉSZÁROS, István. *O poder da ideologia*. São Paulo: Ensaio, 1996.

MICHAUD, Yves. *A violência*. São Paulo: Ática, 1989.

MOONEY, Pat Roy. *O século XXI*. Erosão, transformação tecnológica e concentração do poder empresarial. São Paulo: Expressão Popular, 2002.

MOARES FILHO, Evaristo (org.). *Georg Simmel*: sociologia. São Paulo: Ática, 1983.

MORIN, Edgar. *L'Industria culturale*: saggio sulla cultura di massa. Bologna: Il Mulino, 1963.

_____. *Ciência com consciência*. Apartado 8: Publicações Europa-América, 1994.

OLIVEIRA, Flávia; RODRIGUES, Luciana. Renda dos ricos cai, ganho dos pobres sobe e desigualdade fica menor. Jornal *O Globo*. Caderno Economia, Rio de Janeiro, 26 nov. 2005, p. 36.

OLIVEIRA, Francisco de. *O elo perdido*: classe e identidade de classe. São Paulo: Brasiliense, 1987.

OLIVEIRA, Francisco. Privatização do público, destituição da fala e anulação da política: o totalitarismo neoliberal. In: OLIVEIRA; Paoli (org.). *Os sentidos da democracia*. Petrópolis: Vozes, 1999.

OLIVEN, Ruben. *Violência e cultura no Brasil*. Petrópolis: Vozes, 1986.

OSSOWSKI, Stanislaw. *Estrutura de classes na consciência social*. 2. ed. Rio de Janeiro: Zahar Editores, 1976.

PASQUALI, A. *Sociologia e comunicação*. Petrópolis: Vozes, 1973.

POULANTZAS, Nicos. *Poder político e classes sociais*. São Paulo: Martins Fontes, 1977.

QUÉAU, Philippe. Cibercultura e infoética. In: MORIN, Edgar (org.). *A religação dos saberes*: o desafio do século XXI. Rio de Janeiro: Bertrand, 2001, p. 460-480.

RIBEIRO, Luiz Cesar. Cidade e cidadania: inclusão urbana e justiça social. *Revista Ciência e Cultura*: temas e tendências – cidades. SBPC, São Paulo, ano 56, n. 2, abr./maio/jun. 2004, p. 43-45.

RIBEIRO, Vanise; ANASTASIA, Carla. *Encontros com a história*. Belo Horizonte: Editora do Brasil, 1996.

SADER, Emir. A grande fábrica de consenso. In: SADER, E.; BETTO, F. (orgs.). *Contraversões*: civilização ou barbárie na virada do século. São Paulo: Boitempo Editorial, 2000, p. 138-141.

SALEN, Tania. *As tribos do mal*. O neonazismo no Brasil e no mundo. São Paulo: Atual, 1995.

SALLUN, Brasílio. Metamorfoses do estado brasileiro no final do século XX. *Revista Brasileira de Ciências Sociais*, v. 18, n. 52, jun. 2003.

SANTOS, Araken dos. Paradoxo do labor. *O mundo do trabalho*: concurso nacional de poesias. Ponta Grossa: UEPG, 2001, p. 23-24.

SANTOS, Milton. *Técnica, espaço, tempo*: globalização e meio técnico-científico informacional. São Paulo: Hucitec, 1996.

SCALON, Maria Celi. *Mobilidade social no Brasil*: padrões e tendências. Rio de Janeiro: Revan, 1999.

SCOTT, John (org.). *50 sociólogos fundamentais*. Trad. Paulo Cezar Castanheira. São Paulo: Contexto, 2007.

SENNETT, Richard. *A corrosão do caráter*: consequências pessoais do trabalho no novo capitalismo. 6. ed. Rio de Janeiro: Record, 2002.

_____. *O declínio do homem público*: as tiranias da intimidade. São Paulo: Companhia das Letras, 1988.

SIMMEL, Georg. *La differenziazione sociale*: a cura di Bruno Accarino. 4. ed. Bari: Editori Laterza, 1998.

SILVEIRA, Paulo (org.). *Poulantzas*: sociologia. São Paulo: Ática, 1984.

SISSA, Giulia; DETIENNE, Marcel. *Os deuses gregos*. São Paulo: Companhia das Letras, 1990.

SONNTAG, Heinz; VALECILLOS, Héctor (comps.). *El Estado en el capitalismo contemporáneo*. México: Siglo XXI, 1979.

SOUSA SANTOS, Boaventura de. O estado e os modos de produção de poder social. In: *Pela mão de Alice*: o social e o político na pós-modernidade. 2. ed. São Paulo: Cortez, 1996, p. 115-133.

_____. *Um discurso sobre as ciências*. 10. ed. Porto: Afrontamento, 1998.

SPITZ, Clarice. População urbana vai de 31% a 81% em 60 anos, aponta IBGE. *Folha Online*. Disponível em: <http://www1.folha.uol.com.br/folha/cotidiano/ult95u135796.shtml>. Acesso em: 17 jul. 2008.

STAVENHAGEN, Rodolfo. Estratificação e estrutura de classes. In: VELHO, G.; PALMEIRA, M.; BERTELLI, A. (orgs.). *Estrutura de classes e estratificação*. 5. ed. Rio de Janeiro: Zahar Editores, 1974, p. 133-170.

SWINGEWOOD, Alan. *Marx e a teoria social moderna*. Rio de Janeiro: Civilização Brasileira, 1975.

TAUILE, José Ricardo. *Para (re)construir o Brasil contemporâneo*: trabalho, tecnologia e acumulação. Rio de Janeiro: Contraponto, 2001.

TOURAINE, Alain. *O que é a democracia?* 2. ed. Petrópolis: Vozes, 1996.

VEIGA, José Eli. Nem tudo é urbano. *Revista Ciência e Cultura*: temas e tendências – cidades. SBPC, São Paulo, ano 56, n. 2, abr./maio/jun. 2004, p. 26-29.

VICENTINO, Cláudio; DORIGO, Gianpaolo. *História do Brasil*. São Paulo: Scipione, 1997.

VIEIRA, Liszt. Notas sobre o conceito de cidadania. *BIB*, São Paulo, n. 51, 1º sem. 2001, p. 35-47.

WACQUANT, Loïc. Que é gueto? Construindo um conceito sociológico. *Revista de Sociologia e Política*. Curitiba, n. 23, nov. 2004, p. 155-164.

WAIZBORT, Leopoldo. *As aventuras de Georg Simmel*. São Paulo: Editora 34, 2000.

WEBER, Max. *A ética protestante e o espírito do capitalismo*. São Paulo: Pioneira, 1967.

_____. A objetividade do conhecimento nas ciências e na política sociais. *Sobre a teoria das ciências sociais*. Lisboa: Editorial Presença, 1974a, p. 47-48.

_____. Classe, status, partido. In: VELHO, G.; PALMEIRA, M.; BERTELLI, A. (orgs.). *Estrutura de classes e estratificação*. 5. ed. Rio de Janeiro: Zahar, 1974b, p. 61-83.

_____. *Economia y sociedad*: esbozo de sociología comprensiva. Bogotá: Fondo de Cultura Económica, 1977, v, I e II.

_____. *Economia e sociedade*. Brasília: Editora UnB, 1991.

WOLF, Mauro. *Teorias da comunicação*. Lisboa: Presença, 1995.
WRIGHT, Erik Olin. *Classe, crise e o estado*. Rio de Janeiro: Zahar, 1981.
____. Class, Crisis and the State. Londres: New Left Books, 1978. In: GIDDENS, A. *Sociologia*. Porto Alegre: Artmed, 2005.

Apêndice

Respostas às questões propostas nos capítulos

Capítulo "Pensar o social ontem e hoje"
Para reter o conhecimento

1) O que significa afirmar a Sociologia como uma ciência?
Resposta: A Sociologia se tornou uma ciência, afastando-se da Filosofia como indagação ontológica acerca da sociedade, quando instituiu método científico próprio para a investigação social. Passou pelos crivos de cientificidade cobrados à época – fins do século XIX e início do XX – pelo positivismo, que muito a influenciou, como a outras ciências sociais: observação, experimentação, teste, comparação, verificação, classificação e comprovação dos fenômenos sociais. Também a delimitação do seu objeto de estudo pelos primeiros sociólogos foi fundamental: Durkheim propunha o estudo dos fatos

sociais, com características diferentes dos fenômenos psicológicos e naturais; Weber focou sua análise na ação social dotada de sentido e história na reciprocidade da relação social.

2) Como pensam a sociedade e a história os clássicos da Sociologia?

Resposta: Todos os autores clássicos preocuparam-se em compreender por que as sociedades mudam e, ao mesmo tempo, permanecem; portanto, deram destaque à questão da ordem e da mudança social. Procuravam dar respostas às crises sociais, políticas e culturais advindas da confluência de três extensas e profundas revoluções no seio da sociedade moderna: a Revolução Industrial, a política (Revolução Francesa) e a científica (iluminismo/racionalismo). Em sua teoria da sociedade e sua concepção de uma Sociologia normativa, Durkheim via a história como uma regularidade de fatos sociais, passíveis de controle para a manutenção do equilíbrio social; tendia a minimizar os conflitos sociais, ao classificá-los como situações de anomia ou mesmo como patológicos. Weber situa-se historicamente em seu tempo, ao estabelecer uma conexão de sentido e causalidade entre religião e capitalismo ocidental, cuja análise criou os tipos ideais da ética protestante e do espírito do capitalismo. Marx, além de filósofo, foi um militante político e viveu as conturbações sociais das grandes reivindicações sociais, dos partidos políticos, da organização dos trabalhadores, luta burguesa pelo poder como classe social em ascensão na moderna sociedade industrial. Pensava o conhecimento científico como uma forma de apropriação do real e com capacidade para transformá-lo.

3) Identifique os paradigmas científicos da obra dos autores clássicos tradicionais da Sociologia.

Resposta: Paradigmas são referenciais para a interpretação da realidade. Durkheim analisa a sociedade pelo paradigma da integração social, no qual as partes (instituições) integram um todo em harmonia. As partes têm funções, isto é, atendem a necessidades que garantem a unidade do conjunto social. Os laços de coesão ou solidariedade entre elas respondem pela integração social. Na sociedade industrial essa função é desempenhada pela divisão do trabalho social, e a solidariedade que produz é de natureza orgânica. O paradigma da racionalização social está presente na obra de Weber, dada a ênfase no princípio da racionalidade que impulsiona a ação social, de tipo racional, por exemplo, predominante na sociedade capitalista. Por esse paradigma, inspira-se Weber para conceber uma relação de natureza subjetiva entre o sujeito cognoscente e seu objeto de estudo; é a mente humana que ordena, portanto, parcelas da realidade caótica e pode fazer escolhas. Marx responde pelo paradigma da contradição social, pois suas propostas teóricas explicativas da sociedade levam em conta a história como processo; o movimento vem da ação de contrários, de contraposições sociais que geram situações novas em condições determinadas. Reconhece na sociedade capitalista uma contradição fundamental, no antagonismo e complementaridade da existência das classes sociais.

A realidade clama à ciência
Leitura 1: Alexander, 1999.

1) Com que critérios os clássicos da Sociologia pensaram a realidade social do seu tempo?

Resposta: O estatuto de clássicos na Sociologia deve-se àqueles pensadores que abriram caminho para uma ciência da sociedade e explicaram as mudanças sociais de seu tempo, em teorias pretensamente universais, mas que reservam ainda certo poder explicativo, sobretudo o poder de inspirar novas interpretações em diferentes contextos históricos. Os critérios que orientaram a produção intelectual dos clássicos da Sociologia foram aqueles traçados pela ciência natural, basicamente a observação e a experimentação. São clássicos os autores que, com o instrumental científico do seu tempo, explicaram a realidade social e defrontaram-se com problemas importantes, tais como a impossibilidade de realizar experimentação na Sociologia, a especificidade subjetiva e histórica do seu objeto, a inter-relação entre as ciências sociais. Influenciados pela filosofia e metodologia positivistas, pensaram a sociedade assemelhada a um organismo vivo, sujeita a leis, como os fenômenos da realidade física, e suas proposições teriam o peso de verdades científicas duradouras. Os contrastes entre as posições teóricas dos clássicos são instigadores do alcance interpretativo das vertentes sociológicas funcionalista, culturalista e dialética. Com isso, a concepção de política em Durkheim, por exemplo, era a do Estado dotado de um poder imanente, enquanto em seu relativismo cultural Weber situava-o num conjunto de possibilidades históricas. Se, para Durkheim, a divisão do trabalho é social, com laços de interdependência entre indivíduos e grupos em complexa solidariedade orgânica, para Marx a divisão é social do trabalho, ou seja, na base econômica da sociedade, os indivíduos encontram-se divididos em classes sociais fundamentais, conforme a propriedade individual do trabalho e do capital.

Leitura 2: Bourdieu, 1988.

1) Polemize a respeito das relações entre os indivíduos e a estrutura social.

Resposta: O autor sugere o embate sociológico travado entre o indivíduo – concreto e palpável, que pode ser um de nós, com seus hábitos, gostos, amizades, trabalho, família, defeitos, posição social e lugar na estrutura da sociedade, localmente situado, com sua vontade, aspirações e expectativas sociais – e as instituições sociais, com seu conjunto de regras e aparato regulador dos comportamentos sociais, seus ritos e imposições de padrões para agir socialmente, como acontece com a família, a escola, a Igreja, o Estado, a comunicação de massa etc. Nessa segunda contraposição, podemos exemplificar com as grandes corporações, cujo poder, controle e decisão sobre os indivíduos são exercidos de forma sutil muitas vezes, seja na disputa por uma promoção, seja no orgulho de pertencer ao quadro de funcionários de uma empresa famosa, seja entre os consumidores de algum produto, que pode ser um tênis, um carro ou um programa de TV.

O olhar da Sociologia no mundo

Leitura 3: Durkheim, 1974.

1) Você concorda com essa apreciação de Durkheim sobre a transformação pela qual a Sociologia precisaria passar? Por quê?

Resposta: Durkheim, nessa conferência, faz jus ao estatuto de autor clássico da Sociologia. Ele antevê o seu desenvolvimento como ciência, a complexificação do seu objeto, revela as múltiplas dimensões do homem em sociedade, vistas não só pelas ciências sociais como pela Antropologia, a Ciência Política, a Filosofia, mas do interior da própria Sociologia e de sua capacidade de teorização. Durkheim apreende os diferentes aspectos do fenômeno social como objeto científico, ou seja, antecipa os interesses das várias sociologias: do trabalho, política, do lazer, da religião, urbana, rural, das organizações e outras. A realidade da sociedade em transformação é a matriz dessa atenção dividida, que se alimenta no mesmo tronco teórico dos clássicos, produzindo suas derivações – as teorias contemporâneas.

Leitura 4: Weber, 1974.

1) Como é possível descrever o processo de construção do conhecimento sociológico de Weber?

Resposta: Para Weber, a realidade é algo inerente ao próprio ser, envolve-o, dele extravasa. A realidade é compartilhada pelos indivíduos em ações; por meio delas uns orientam o sentido de suas ações levando em conta a ação de outros. Weber dá um exemplo simples: um indivíduo anda de bicicleta numa rua e, ao ver se aproximar outro ciclista na direção contrária, orienta sua ação para não esbarrar no ciclista *b*. Isso, diz ele, é ação social; requer reciprocidade e implica probabilidade. Convém fixar a dimensão infinita da realidade social, que Weber alerta só poder ser captada uma parte ínfima pelo observador, pelo sujeito da ação. Com isso, a Sociologia weberiana é a Sociologia da compreensão, porque busca a singularidade dos fenômenos sociais, aquilo que eles têm de específico, que os individualiza na história. A burocracia, por exemplo, é um tipo ideal que ele constrói mostrando o quanto é única a organização (burocrática) do Estado moderno, só se aplica nesse caso, não em outro.

Leitura 5: Marx, 1977a.

1) Qual o sentido da inspiração teórica de Marx passar pelo paradigma da contradição social?

Resposta: Embora contradição seja um conceito que se aplica a qualquer oposição, dissonância ou tensão, ela é mais completa quando utilizada para a ação humana. A contradição é, então, uma relação social sob tensão de ambos os lados, é uma dupla conexão e implica ações contrárias em confronto. No caso do capitalismo, Marx refere-se às relações entre o capital e o trabalho como ações históricas em contradição, por ser uma relação dialética. Simplificando o exemplo: os interesses dos trabalhadores (salários) em oposição aos interesses dos capitalistas (lucro). A isso a Sociologia denomina oposição inclusiva, por serem duas posições antagônicas, mas complementares; por não existir uma classe sem a outra. O motor da história, para Marx, é a luta de classes, no sentido daqueles interesses contrários manterem o conflito social – de forma latente e por vezes explícitas –, a partir das posições diferentes ocupadas por trabalhadores e capitalistas na estrutura de produção da sociedade. No texto, ele remete à sociedade capitalista moderna que, como as que a antecederam, guarda no interior dessas relações básicas o germe da própria mudança. Um contraponto dessa tensão está no desenvolvimento das forças produtivas – máquinas, conhecimento, técnicas – as quais acirram essas contradições sociais, como relações de trabalho sem amparo da lei, exigências de qualificação formal para o trabalho e seu não-emprego. Como exemplo, podemos mencionar o desemprego estrutural que ocorre em muitos países: os trabalhadores não conseguem emprego porque a introdução de tecnologia com máquinas computadorizadas, a informatização de todo o sistema etc. desalojam os trabalhadores dos seus postos de trabalho.

Capítulo "O trabalho para viver"
Para reter o conhecimento

1) O sentido que o trabalho tem na realidade atual é o mesmo de outras épocas da história? Justifique.

Resposta: O trabalho ao longo da história apresenta significados distintos do momento atual. Na Antiguidade, por exemplo, trabalho era sinônimo de castigo, humilhação, era realizado pelos escravos, que produziam para sustentar a si e aos seus senhores. Na Idade Média, quem trabalhava na terra eram os servos, pois para os nobres trabalhar significava decadência, indignidade. É somente na Época Moderna que o sentido do trabalho começa a se transformar e pensadores sociais descobrem que o trabalho produz riqueza. Marx, um clássico da Sociologia, analisa que o trabalho não apenas é fonte de toda produtividade e riqueza, mas também que é pelo trabalho que o homem constrói a si mesmo. Na atualidade, o trabalho é uma condição para o exercício da cidadania.

2) O que significa dizer que "mediante o trabalho os homens exercem sua cidadania"?

Resposta: A afirmação significa que pelo trabalho os indivíduos podem ter acesso ao conjunto de direitos, de bens e riquezas produzidos pela sociedade. Além disso, a sociedade do século XX assegurou uma série de garantias e proteções sociais para aquele que trabalha. No caso do Brasil, a carteira de trabalho se tornou o passaporte para ter acesso a benefícios e seguridade social.

3) Qual a relação que Weber estabelece entre a ética religiosa calvinista e o desenvolvimento do capitalismo?

Resposta: Weber busca uma conexão de sentido para explicar como um conjunto de valores morais de natureza religiosa contribuiu para que o capitalismo se difundisse e se consolidasse como um modo de produzir no Ocidente. A ética protestante, pragmática e intramundana dos puritanos anglo-saxões, deu origem a uma representação do trabalho assentada em atitudes positivas de vida em sociedade – disciplina, honestidade, probidade, dedicação, poupança –, valorizando os trabalhadores como colaboradores das práticas capitalistas de busca da produtividade e, por decorrência, da acumulação. O trabalho foi interpretado como vocação terrena, predestinação, exercício (ascese), cujo resultado seria agradar a Deus. Na linha de raciocínio weberiana, Vianna Moog escreve *Bandeirantes e pioneiros* (1955), comparando o pioneirismo diferenciado empregado na conquista e colonização do Brasil e da América do Norte.

4) Compare a noção de divisão de trabalho em Marx e em Durkheim.

Resposta: A divisão do trabalho social é interpretada, por Durkheim, como um fenômeno típico e complexo das sociedades industriais modernas, sendo responsável pelo controle social. Pela interdependência que se cria entre indivíduos e funções diferentes, a sociedade obtém a sua integração, um funcionamento harmonioso entre as partes portadoras de interesses diversos. Durkheim tem uma concepção positiva da divisão do trabalho. Marx já concebe a divisão social do trabalho como correspondendo à divisão básica da sociedade em grandes classes sociais, dada a diferenciação dos interesses entre os homens, que se associam para produzir a subsistência material, mas repartem desigualmente os resultados produzidos. Logo, para Marx, a divisão social do trabalho é fonte de conflitos sociais, embora garanta a geração de riqueza e o desenvolvimento das forças produtivas.

5) Quais as características do sistema de produção fordista?

Resposta: O sistema de produção fordista pode ser caracterizado como uma organização do trabalho visando a produção e o consumo em massa. Assim, os produtos são padronizados para economizar nos custos de produção e serem produzidos com maior rapidez. O trabalho é repetitivo e mecânico, de inspiração taylorista – controle de gestos e movimentos, separação entre concepção e execução –, e associa-se à linha de produção, à esteira rolante. Na fábrica de Ford (EUA), no início, os trabalhadores recebiam uma compensação salarial pelo trabalho de ritmo intenso que realizavam. O fordismo influenciou também o estilo de vida moderno do século XX.

6) Condições de trabalho são importantes no processo de valorização do trabalhador?

Resposta: Se o trabalhador não tem boas condições de trabalho, não consegue produzir com qualidade, desgasta-se, adoece, desinteressa-se pela empresa e falta ao trabalho, além de sofrer acidentes de trabalho. Também o salário mostra se a empresa valoriza o trabalhador por aquilo que ele realiza.

7) Por que a crise dos anos 1970 atingiu vários países?

Resposta: A crise dos anos 1970 alastrou-se porque a economia capitalista se apresenta, até hoje, interligada e interdependente. Os Estados Unidos, como potência econômica e hegemônica, sofriam internamente com os crescentes gastos militares e a competição internacional que reduziram as suas reservas de capital. Esses fatores internos aliados à elevação dos preços do petróleo no plano externo, provocaram uma recessão da economia, isto é, uma forte retração das atividades econômicas em vista da redução da demanda de mercadorias.

8) Qual é o papel do Brasil na nova divisão internacional do trabalho?
Resposta: O Brasil é considerado um país capitalista emergente na nova divisão internacional do trabalho. Ainda é um exportador de produtos primários, mas tem participado da economia internacional com produtos industrializados e tem ampliado o seu parque industrial.

9) O que é considerado "trabalho decente" para a OIT e qual é a crise que ele poderá combater?
Resposta: Trabalho decente, na agenda da OIT, é aquele produtivo, capaz de garantir ao trabalhador proteção, uma remuneração adequada, igualdade entre homens e mulheres, igualdade de "raça". Enfim, um trabalho que não possibilite haver discriminação, seja livre de quaisquer formas de coerção à liberdade humana; possibilite a organização e a participação nas decisões que afetam a vida dos trabalhadores e a liberdade de expressão. Se levada a efeito essa proposta, a crise do desemprego poderá ser combatida com políticas públicas de trabalho, que garantam qualificação, geração de emprego e de renda, inclusão social.

A realidade clama à ciência
Leitura 1: Brecht, 1986.

1) Para quais vertentes de concepção do trabalho o poeta alemão chama a atenção?

Resposta: Brecht escreve sobre o trabalho "silencioso", os trabalhadores anônimos que formam verdadeiros exércitos de produção e, na sociedade contemporânea, correspondem à produção de massa. Outra variante interpretativa do poema pode ser buscada na concepção de trabalho como uma relação social cujos protagonistas têm participações e interesses diferentes, além do resultado do trabalho não explicitar esse processo de construção por parte dos trabalhadores. Também, pode ser explorada no poema a ideia de divisão do trabalho e de alienação no trabalho, ou seja, esse estranhamento, a distância que o processo de trabalho coloca entre o trabalhador concreto e o produto do seu trabalho. O poeta chama a atenção para o fato de que a História oficial costuma contar a saga das elites e dos poderosos, mas omite a história do trabalho cotidiano e a presença do trabalhador em qualquer empreendimento humano.

2) Com base na poesia de Brecht, o que é o trabalho?

Resposta: Trabalho é um dispêndio de energia humana para um fim, um objetivo. A força de trabalho, que não é apenas física, mas psíquica, intelectual, criadora, inventiva, transforma a natureza e também o homem. Por meio da técnica e da tecnologia, o trabalhador estabelece uma mediação com a natureza, adequando-a para a sobrevivência da humanidade. Nesse processo, o trabalhador se percebe dominando a natureza, realiza-se como homem e, paradoxalmente, aliena-se da natureza da qual faz parte, assim como não se reconhece nos seres de espécie.

O olhar da Sociologia no mundo

Leitura 2: Sennett, 2002.

1) O que significa a afirmação: as carreiras "desenvolvem nosso caráter"?

Resposta: É no cotidiano que o homem se constrói socialmente – suas crenças, valores, amizades, sua família, sua profissão. É na experiência do trabalho cotidiano que ele se desenvolve, garante o sustento da família, aprofunda laços de amizade, planeja seu futuro, estuda para manter-se no emprego, realiza-se e identifica-se com sua profissão, é reconhecido socialmente pelo trabalho. Quando não é possível estabelecer uma carreira, ou seja, quando o trabalho é eventual, muito variável, instável e precário, ou a pessoa fica muito tempo desempregada, ela não consegue construir uma identidade a partir do trabalho. Os valores sociais modificam-se e as pessoas trabalham somente por necessidade ou por dinheiro, independentemente da atividade a exercer; por isso Sennett intitula um dos seus livros de "a corrosão do caráter".

2) Que sentido toma o trabalho na atualidade?
Resposta: O trabalho, nos sistemas flexíveis de produção industrial ou no setor de serviços, é caracterizado por sua condição de instável, eventual, precário, intercalado por períodos de desemprego. Embora seja feito em conjunto, por equipes ou times de trabalho, o trabalho não permite a comunicação entre os trabalhadores, impede o estabelecimento de relações de confiança, devido à rotatividade e à diversidade dos trabalhadores. É um trabalho que não dá margem para a ascensão na carreira, pois poucos são os níveis previstos para progressão e curto é o tempo que o trabalhador permanece em cada empresa. O trabalho tem perdido o caráter de construtor de identidade para o trabalhador.

Capítulo "Classes sociais e o lugar de cada um na sociedade"

Para reter o conhecimento

1) O que significa a afirmação "a desigualdade é social"?

Resposta: A desigualdade é social porque decorre das relações que os homens estabelecem entre si para sobreviver. Opõe-se à desigualdade natural, por resultar da distribuição desigual das riquezas, da renda, da propriedade. Guarda relação com o lugar social ocupado pelos indivíduos e grupos, que são mantidos à margem da produção e do consumo dos bens e direitos da sociedade.

2) Conceitue estratificação social e mostre as formas de estratificação registradas ao longo da história.

Resposta: Segundo Stavenhagen, a estratificação não pode ser confundida com classes sociais, ou seja, classe e estratificação são fenômenos distintos. Todas as sociedades nas diferentes épocas possuem um sistema de estratificação, definido a partir de critérios diferenciados, subjetivos e objetivos, do rendimento e das origens deste, da riqueza, da educação, do prestígio da ocupação, da área residencial, da "raça" ou etnia e outros critérios secundários. O sistema de classes sociais institui-se com o modo de produção capitalista. Outras formas de estratificação foram registradas ao longo da história: a escravidão típica da Antiguidade se caracterizava como uma estrutura social, em que os cidadãos tinham privilégios e direitos não estendidos aos escravos, que trabalhavam. Na Índia, por exemplo, a estrutura de castas se fundamenta não nos aspectos econômicos, mas religiosos; desse modo, a posição do indivíduo na estrutura social tem relação com a alma. No feudalismo, a posse da terra era o critério definidor de diferenciação entre os grupos sociais. De um lado, estavam os senhores donos de terras que dispunham de servos para trabalhar e, de outro, os servos que trabalhavam nas terras do senhor feudal e tinham deveres e obrigações em troca de proteção.

3) O que diferencia o sistema de classes sociais de outras formas de estratificação social?

Resposta: A definição de classe social varia de acordo com as diversas teorias, porém, de maneira geral, as classes são agrupamentos de indivíduos que se encontram inseridos no processo de produção, que formam uma identidade e se associam pelos interesses comuns. Ou seja, o lugar social de cada um na sociedade é definido em primeira instância, pela posição econômica que ocupa. Tal posição influencia estilos de vida, escolhas pessoais, gostos, ocupações. Diferentemente do sistema de castas, as classes não são homogêneas e tampouco determinadas ao nascimento dos indivíduos. Por serem históricas e mutáveis, possibilitam alguma mobilidade social aos indivíduos e grupos, que podem migrar de uma classe para outra. A possibilidade de mobilidade é uma característica apenas do capitalismo, pois nas demais formas de estratificação praticamente não há mudança de posição do indivíduo na estrutura social.

4) Expresse as diferentes teorias de classe apresentadas no capítulo.

Resposta: Para Marx, a estrutura social básica no capitalismo corresponde à divisão da sociedade em duas classes fundamentais – os proprietários dos meios materiais de produção e assalariados, isto é, entre os que vendem sua força de trabalho para sobreviver e os que se apropriam das riquezas produzidas socialmente. Marx reconhecia também uma pluralidade de frações de classe: burguesias industrial, financeira e comercial, que correspondem aos três gêneros de capitais. Para Weber, a estratificação social em classes refere-se à posição dos indivíduos em relação à produção, mas ela é moldada por dois aspectos: *status* e partido. Nessa perspectiva, a divisão de classe origina-se não apenas em termos de controle ou não dos meios de produção, mas de situações que não guardam necessariamente relação com a esfera da propriedade, tais como a posição que o indivíduo ocupa no mercado, as habilidades, qualificações etc., o *status* que envolve a honra e o prestígio social. Para Bourdieu, a distinção dos indivíduos e grupos não se dá com base em fatores econômicos ou ocupacionais, mas em relação a elementos culturais como gostos, estilos de vida, atividades de lazer. E, por fim, Wright buscou combinar aspectos das teorias de Marx e de Weber, mostrando que elas se complementam. Ele diz que os capitalistas são os que controlam os investimentos, o capital, os meios de produção e a mão de obra; a classe trabalhadora não comanda essas esferas. Entre os capitalistas e a classe trabalhadora, Wright identificou um terceiro grupo de indivíduos, que definiu como a classe contraditória.

5) Relacione capitalismo e mobilidade social.
Resposta: No capitalismo, os indivíduos apresentam a possibilidade de mudar de uma classe social para outra; desse modo, é possível aos indivíduos subir na vida ou empobrecer. A esse fenômeno a Sociologia denomina mobilidade social, que pode ser tanto ascendente quanto descendente. Estudos de mobilidade social revelam que a maioria da população apresenta dificuldade para ascender na escala social, ainda que haja pequenas variações na mobilidade social.

Essas variações (mais ou menos intensas) dependem das condições econômicas e políticas dos países.

A realidade clama à ciência

Leitura 1: Swingewood, 1975.

1) Com base na análise de Swingewood, como se apresenta a concepção de classe para Marx?

Resposta: A concepção de classe para Marx é relacional e, ao ligá-la à estrutura da propriedade dos meios de produção, considera o movimento histórico e a transformação que se processa na relação de propriedade para uma relação de apropriação do valor produzido, da acumulação. As classes sociais são vistas em termos de posse ou não--posse e também do controle sobre a exploração e a liberdade dos seus membros. Para Swingewood, a divisão em duas classes fundamentais de Marx não se sustenta, dada a multiplicidade de posições na estrutura de classes, os interesses diferentes e a composição entre as classes intermediárias.

O olhar da Sociologia no mundo

Leituras 2 e 3: Oliveira e Rodrigues, 2005; e texto do Ipea, 2005.

1) O que mede o Índice de Gini? Por que o Brasil apresenta esse coeficiente tão ruim?

Resposta: O coeficiente de Gini mede, numa variação de zero a um, a distribuição de renda, sendo que a proximidade ao zero significa a igualdade perfeita e um a desigualdade absoluta. Os indicadores de Gini mostram que a distribuição da renda no Brasil tendeu mais para a desigualdade completa. Isso de deve às políticas econômicas e sociais adotadas no país que permitiram que a exclusão social fosse criada e persistisse nas diversas épocas de nossa história. Dentre os fatores que explicam um coeficiente ruim estão a concentração da terra, a mentalidade escravista que predominou por séculos, a escolarização pública, gratuita e obrigatória tardia, somadas a políticas educacionais ineficazes e aos baixos salários pagos aos trabalhadores.

2) Como se explica a manutenção ou reprodução da desigualdade social no Brasil?

Resposta: Estudos de Sociologia analisam que a desigualdade social tem como característica principal o acesso diferenciado a bens de consumo coletivo. Embora a desigualdade também exista em países avançados, no Brasil se mantêm enormes lacunas no que diz respeito aos serviços de infraestrutura básica, à desproteção social, aos baixos níveis educacionais. Além disso, o país apresenta grandes diferenças entre as regiões. Há diversos municípios inviáveis economicamente e estados que não conseguem realizar desenvolvimento econômico e assegurar condições que ajudem a eliminar a pobreza. Outro aspecto importante a considerar no tocante à desigualdade social é o fato de que, no Brasil, pesa o componente racial. Após a abolição, o negro não contou com políticas que permitissem a sua inserção social. Dentre as causas responsáveis pela manutenção da desigualdade estão ausência de reforma agrária e a falta de políticas adequadas à distribuição de renda. Também a contida remuneração dos trabalhadores de salário de base, isto é, parte dos trabalhadores recebe mensalmente remunerações de fome. Como constata a História Econômica: o Brasil é rico, porém a distribuição de renda é ruim.

Capítulo "Comunicação e poder da mídia"

Para reter o conhecimento

1) Relacione o aparecimento da comunicação de massa com as mudanças sociais.

Resposta: A comunicação de massa – resultante das inovações tecnológicas como rádio, televisão, cinema e informática – é a difusão de traços culturais, costumes e notícias de um país para inúmeros outros, simultaneamente. A comunicação de massa possibilitou a influência sobre outras culturas mediante propaganda, programas de televisão e cinema, modificando hábitos alimentares e outros costumes em vários locais, gerando grande padronização. Difundiu-se, assim, o consumismo, típico da produção em massa e correlato consumo em massa, devido à abrangência desse tipo de comunicação e influência na vida dos indivíduos.

2) O que é a indústria cultural e qual o seu papel na sociedade contemporânea?

Resposta: A indústria cultural é o resultado da transformação em mercadoria das obras de arte, das ideias e valores culturais – que passam a ser reproduzidos e difundidos amplamente, por meio da reprodutibilidade técnica. A arte e outros bens culturais passam a ser bens de consumo coletivo. Na sociedade contemporânea, o papel da indústria cultural é constituir-se em lugar de lazer do trabalhador, para que este recupere suas forças e continue a produzir, ocupando sua mente sem pensar sobre a sociedade ou sua vida. De certa forma, a indústria cultural produz uma sensação de "antecipar a felicidade" e dissolve ou minimiza a dimensão crítica do indivíduo.

3) Como é possível relacionar o desenvolvimento dos meios de comunicação de massa com o consumismo?

Resposta: Os meios de comunicação de massa transmitem mensagens que induzem o consumo, mediante veiculação de publicidade e programações que ditam modismos, despertando o interesse dos consumidores por novos produtos que fazem parecer que os anteriores já foram superados, não servem mais. Os veículos de comunicação que antes tinham menor abrangência hoje atingem milhões de consumidores. As novas tecnologias, cada vez mais sofisticadas, permitem condensar informações e ampliar a capacidade desses equipamentos, reduzindo seu tamanho e criando novos produtos e serviços, direcionados aos mais diversos públicos. Os meios de comunicação de massa envolvem todo o corpo do consumidor, não somente os seus olhos, ao veicular uma mensagem. O resultado é a rápida substituição dos equipamentos, num consumo cada vez mais acelerado de novos produtos e serviços.

4) Situe as diferentes posições sobre o poder de manipulação da mídia.

Resposta: Segundo Castells, os programas e noticiários de TV apresentam os acontecimentos como espetáculo, criam o envolvimento emocional do telespectador e este não precisa de esforço psicológico para analisar as informações. Autores críticos à mídia ressaltam seu poder de manipulação, devido à tendência de homogeneização, massificação e acomodação dos indivíduos. Umberto Eco contesta, afirmando não ter sido tão devastador o efeito da mídia como se esperava – não houve homogeneização nem massificação social. A comunicação pressupõe interação entre emissor e receptor: o indivíduo recebe a mensagem, interage com ela e a modifica. É o leitor quem preenche o texto (oral, escrito etc.) e lhe dá significado. Os meios de comunicação ocupam a maior parte do tempo livre das pessoas, substituindo antigas brincadeiras de infância, o cinema, o livro. Mattelart trata os meios de comunicação de massa como uma espécie de mitologia da sociedade contemporânea, por concebê-los como fatores que dispõem de mobilidade própria, ocultam a identidade dos manipuladores e a origem das ideias difundidas segundo a ótica dos dominantes.

5) Em que consistem as novas mídias? Que mudanças sociais vêm sendo produzidas pela revolução na informação das últimas décadas?

Resposta: As novas mídias compreendem a associação de modalidades diversas como a escrita, a oral, a visual e a interativa em sistemas de comunicação sofisticados, com maior capacidade de transmissão, direcionados às massas, mas também permite o direcionamento a públicos específicos. São as inovações tecnológicas nas comunicações e na informática, surgidas nas últimas décadas, que trouxeram a associação de maior capacidade de armazenamento, processamento de informações, crescimento dos computadores pessoais, multimídia. As novas mídias repercutiram na economia, na política e na cultura, alterando as relações sociais. As redes mundiais de comunicação mediada por computadores se fazem presentes em todas as esferas da vida, provocando o surgimento da cibercultura, que alia texto, imagem e som no mesmo sistema, conectando vários pontos da rede global de forma aberta e a baixo custo. As diversas expressões culturais se misturam, assim como passado, presente e futuro aparecem no mesmo contexto, no universo digital.

6) Como Philippe Quéau analisa a sociedade de informações?

Resposta: Quéau considera que as novas tecnologias da informação e comunicação resultaram na sociedade da informação, a qual supõe uma quádrupla revolução: cultural, social, econômica e política. No âmbito cultural, produz novas maneiras de ser, remodela consciências e intensifica o uso de modelos matemáticos para a compreensão de sociedades complexas. Há na economia uma supervalorização do mercado, que pode desconsiderar bilhões de seres humanos, pela busca de rentabilidade do capital independentemente das fronteiras. Há ainda a tendência das políticas dos Estados em realizar aplicações financeiras e especulação nas bolsas. Politicamente, o Estado deixa de mediar a cidadania para agenciar interesses de grupos transnacionais. Socialmente, o papel do ser humano é substituído pelas máquinas, mesmo a capacidade de armazenar, produzir e transmitir conhecimento. Não há clareza quanto ao alcance das mudanças sociais produzidas pela revolução informacional. Por um lado, supõe-se que haveria emancipação via democratização do conhecimento, descentralização do poder, interações local e global e expansão da educação. Por outro lado, as informações são controladas por grupos internacionais, e a internet supõe majoritariamente a comunicação em língua inglesa e o conhecimento da escrita – a maioria pobre no mundo não tem esse acesso à cultura.

7) Quais são as limitações para uma verdadeira democratização das informações? O aparecimento de novas mídias tem sido suficiente para assegurar o acesso à informação?

Resposta: O acesso é seletivo, prioriza os que têm recursos e os que conhecem a língua inglesa. A democratização não ocorre devido à concentração do poder de produção e circulação da informação em poucas mãos. Apesar das dificuldades na democratização do acesso a esses sistemas informacionais, há a possibilidade de formas de comunicação alternativas como panfletos, boletins, revistas, rádios etc.

8) Como se relacionam as mídias com a disseminação de ideologias?

Resposta: O poder da TV aparece quando esta prepara o cenário para processos que pretende comunicar à sociedade sejam na área política, de negócios, nas artes, modelando a comunicação. Os recursos comunicativos influem nos comportamentos com a disseminação de ideias-força. Reforçam, aliviam ou justificam preconceitos. Tecem críticas, incentivam e denunciam as relações sociais. Tornam-se um quarto poder. A mídia internacional cria imagens e reelabora as realidades, produzindo consensos e fortalecendo o consumismo.

A realidade clama à ciência

Leitura 1: Galeano, 2006.

1) Qual é a crítica que Galeano explicita?

Resposta: Galeano critica a dependência da mídia em relação à cultura dominante (hegemônica) na sociedade capitalista atual, o comportamento passivo do telespectador, a falta de acesso à leitura de qualidade e a falta de ação e consciência política, principalmente na América Latina, pois é um autor latino-americano.

O olhar da Sociologia no mundo

Leitura 2: Sader, 2000.

1) Sader considera a televisão a grande fábrica de consensos. Discuta essa ideia.

Resposta: Pela passividade que a televisão impõe ao telespectador e por transmitir a mesma mensagem ideológica a inúmeras pessoas ao mesmo tempo, esse meio de comunicação faz com que a maioria não discuta os conteúdos que são passados como verdades e, portanto, esse processo constrói, em boa medida, o consenso. Porém, sempre resta ao telespectador uma margem para discordar, escolher e questionar ao que assiste.

Capítulo "Poder e poderes nos poros da sociedade"

Para reter o conhecimento

1) Qual é a visão de Michel Foucault sobre o poder?

Resposta: Para Foucault, o poder não se localiza apenas no Estado, está presente nas relações macrossociais e microssociais. Desse modo, está também nas relações cotidianas e mais banais e se estabelecem relações de poder entre os grupos sociais e dentro deles. Na família, o poder está presente na relação entre pais e filhos; na escola, entre professores e alunos, entre diretores e professores; de homens sobre as mulheres etc. A esfera do poder contém certa positividade, pois é produtivo na medida em que provoca mudanças. O poder age por meio dos discursos e tem a capacidade de moldar comportamentos acerca dos fenômenos sociais. Uma das grandes contribuições de Foucault foi ampliar a noção de poder e compreender a sua dimensão no âmbito social.

2) Na relação entre poder e Estado, o poder restringe-se ao Estado?

Resposta: O poder, para Weber, é definido como a probabilidade de um ator impor sua vontade a outro, mesmo contra a vontade deste. Sinaliza para uma relação de desigualdade seja entre atores, Estados, indivíduos. No que tange ao Estado, trata-se de um poder institucionalizado. O poder é passível de mudanças, dependendo do lugar que ocupa e das disposições dos grupos que estão no governo. Ainda que pensemos no poder como próprio do Estado, ele não está restrito a essa dimensão, ao contrário, está presente na maioria das relações sociais, na família, na escola, na ciência etc.

3) Explicite as formas de dominação na concepção de Weber.

Resposta: Para Weber existe uma distinção entre poder e dominação. Enquanto no poder o comando pode não ser legítimo, assim como a obediência; a dominação se fundamenta no reconhecimento dos que obedecem ordens que lhes são dadas. A dominação, segundo Weber, pode ser definida pela probabilidade que tem uma fonte de poder (autoridade) de contar com a obediência daqueles que, em teoria, devem obedecê-lo. Identifica e classifica três formas de dominação: a) a legal, que envolve a autorização para comandar, a exemplo dos políticos eleitos, que estão autorizados para formular leis, e dos juízes, que são investidos do poder de julgar e fazer cumprir as leis; b) a carismática, que se institui pelo reconhecimento social de um indivíduo que é obedecido de forma voluntária pela população; c) a tradicional, que corresponde a certa ordem social estabelecida no tempo, como a Monarquia, que se mantém em certos países no mundo contemporâneo, pela tradição que envolve essa instituição.

4) Como o poder político está organizado na realidade brasileira? Por que dizemos que se trata de uma democracia representativa?

Resposta: No plano do Estado, o poder está organizado em níveis de representação: poder Executivo (no município, estado e no país); o poder Legislativo (também nos três níveis) e o poder Judiciário (estabelecido em tribunais regionais e federais). O presidente, o governador de estado e o prefeito que correspondem ao poder Executivo, assim como os vereadores, deputados estaduais, federais e senadores são eleitos pelo povo para representá-lo no poder Legislativo, enquanto o ingresso no poder Judiciário se dá por concursos públicos. A democracia no Brasil é a representativa e significa que em nosso sistema político as decisões a serem aplicadas nos âmbitos municipal, estadual e federal são tomadas não diretamente pelos seus cidadãos, mas pelos políticos eleitos pelo voto popular.

5) O que distingue uma democracia de outras formas políticas?

Resposta: Uma democracia se distingue de outros sistemas políticos pela característica fundamental dos indivíduos de poderem participar da vida política do país, seja elegendo seus representantes, seja participando de plebiscitos e referendos. Pode ser democracia representativa, participativa ou direta; nesta última a população toma decisões diretamente sobre os diversos temas.

6) É possível chegar a uma conceituação de Estado?

Resposta: O Estado pode ser definido como um organismo político administrativo que está organizado num determinado território independente, com a finalidade de garantir a ordem social de uma população. Engloba um determinado território, um povo e um sistema político. É dotado de poder.

7) Resuma as interpretações de Estado que aparecem neste capítulo.

Resposta: Entre as interpretações sobre o Estado, destacamos a visão de Marx, para quem o Estado nem paira sobre a sociedade civil, nem exprime a vontade geral; apresenta-se como uma superestrutura em que o poder organizado de uma classe social dominante faz valer os seus interesses. Na visão de Poulantzas, o Estado é uma relação de força, ou seja, uma relação de poder entre classes e frações de classes. Por isso, também se encontra permeado de contradições de classes, não se caracterizando como um bloco sem fissuras. Para Ianni, o Estado não se constitui somente em órgão da classe dominante, pois a ele cabe também responder aos movimentos da sociedade e das distintas classes sociais. Sua ação, no entanto, se dá em conformidade com as determinações das relações das classes capitalistas. Tanto no marxismo quanto no leninismo encontra-se ressaltado o papel de coerção que exerce o Estado. Outra interpretação é a de Gramsci, que considera o papel cultural e ideológico do Estado. Nessa visão, o Estado busca se legitimar e obter aceitação e consentimento perante a sociedade civil. Desse modo, não apresenta uma ação somente coercitiva.

8) Distinga o Estado-nação da visão neoliberal de Estado.

Resposta: O Estado-nação, assentado num determinado território, tem como características a soberania territorial e política, estando fortemente apoiado no contrato social na perspectiva da manutenção da ordem social. Do ponto de vista econômico, tem como características: a regulação das políticas cambiais, o papel de administrar a dívida interna e externa, assim como o próprio agenciamento de políticas para o comércio externo. Cabe ao Estado financiar e administrar os setores estratégicos nas áreas de tecnologia, energia, transporte, comunicação. Do ponto de vista social, seu papel é regular as relações entre trabalho e capital, assegurando garantias e proteção ao cidadão com a adoção de políticas públicas para a saúde, moradia, educação, previdência, seguro-desemprego. A mediação das relações de cidadania se constituiu numa de suas ações mais cruciais. Já o Estado neoliberal se assenta no deslocamento de seu sentido em direção ao mercado. A governabilidade está ligada à nova ordem mundial e a organismos econômicos e políticos mundiais. As relações econômicas são marcadas pela transnacionalização do capital, flexibilização das relações de trabalho, privatizações, abertura de mercados, desregulamentação de mercados e do trabalho, redução de impostos, dentre outras características.

9) Por que hoje se fala em Estado mínimo? Em que os Estados de Bem-Estar Social diferem entre si?

Resposta: Desde a crise dos anos 1970, os setores neoliberais ganharam força responsabilizando o Estado e os sistemas de proteção social pelo engessamento dos mercados. Desse modo, passaram a apregoar a visão de que o Estado deveria ser mínimo. Isso significa que deveria restringir suas ações públicas, privatizar os serviços públicos, desregulamentar o trabalho e os mercados, dentre outros. Uma das diferenças básicas do Estado mínimo em relação ao Estado de Bem-Estar é quanto à proteção social. Nesse último, cabe ao Estado assegurar políticas visando o bem comum.

10) Que direitos implicam a cidadania?

Resposta: A cidadania dá direitos à moradia, à educação, à saúde, à segurança, ao emprego, entre outros.

A realidade clama à ciência
Leitura 1: O Globo Online, 2007.

1) Qual é a análise dos ganhadores do Prêmio Nobel de Economia, em 2007, sobre a clássica metáfora da mão invisível do mercado de Adam Smith?

Resposta: Para eles, a metáfora de Adam Smith da mão invisível refere-se ao plano do ideal, a formas de funcionamento da economia em situação de perfeita concorrência. O que praticamente não existe, pois nem a competição é completamente livre, nem os consumidores são adequadamente informados. Existe uma correlação de forças (interesses) na sociedade que comanda o mercado (empresas transnacionais, grupos privados e outros).

O olhar da Sociologia no mundo
Leitura 2: Gruppi, 1980.

1) "O homem é o lobo do homem" (Hobbes); "O homem nasce bom, mas a sociedade o corrompe" (Rousseau). Pensando nas relações sociais, que análise essas duas proposições suscitam? Qual seria a tarefa do Estado para Hobbes?

Resposta: Enquanto Hobbes considera que os homens são maus por natureza, cabendo ao Estado civilizar e assegurar a ordem por meio de normas sociais, Rousseau parte do princípio de que o homem é bom, nasce bom, mas as condições a que é submetido são responsáveis pelos problemas sociais. Ele defende, por exemplo, que a propriedade privada é responsável por todos os males.

Leitura 3: Engels, 1984.

1) Como Engels analisa o papel do Estado ao longo da história?

Resposta: O Estado na Antiguidade tinha o papel de manter os escravos subordinados aos seus senhores. Na época em que predominou o feudalismo, a nobreza se utilizava do Estado para manter os servos e camponeses dependentes dos proprietários de terras. E o Estado moderno, no capitalismo, serve ao capital para a manutenção do sistema de exploração do trabalho.

2) O que significa a afirmação de Engels de que há momentos em que o Estado age de modo independente? Há exemplos dessa proposição na realidade nacional ou internacional?

Resposta: Significa períodos em que o Estado age como instituição mediadora das classes, e não como representante de uma classe específica. Mas o autor considera que são períodos momentâneos.

Capítulo "Unidade na diversidade: a interdependência urbano-rural"

Para reter o conhecimento

1) Por que o Brasil é hoje predominantemente urbano?

Resposta: O Brasil, em sessenta anos, transformou-se em um país urbano. Segundo dados do IBGE, 81% da população brasileira vive nas cidades. Corroboraram para esse fato o processo de industrialização dos anos 1950/1960, a modernização na agricultura que expulsou a população do campo e o acelerado e intenso processo de urbanização, com a atração populacional para as cidades por deterem infraestrutura mínima com melhores condições de vida, como hospitais, escolas, trabalho etc.

2) O que motiva as pessoas a migrarem de uma região para outra dentro do país ou para um outro país?

Resposta: A razão principal para a migração, tanto dentro do país quanto para fora do Brasil ou em outros países, tem sido a busca por trabalho e por regiões que possam oferecer possibilidade de melhora nas condições de vida e ganhos salariais maiores.

3) Como se deu o processo de urbanização no Brasil?

Resposta: O marco do crescimento urbano no Brasil são os anos 1950, quando ocorre o processo de intensificação da indústria. Tratou-se de um processo acelerado, pois na segunda metade do século XX o Brasil já era predominantemente urbano. No meio rural, a mecanização e a continuada concentração da terra contribuíram para a expulsão dos agricultores para as cidades. Esse crescimento foi acompanhado de problemas nas cidades, pois estas não apresentavam infraestrutura adequada tampouco empregos para as grandes levas de migrantes que chegavam do interior. Ao redor das cidades formaram-se bolsões de miséria com a criação de favelas.

4) Podemos associar a cidade à violência? Como Oliven discute essa questão?

Resposta: A Sociologia mostra que a violência é múltipla e tem como fonte principal a presença mínima do Estado em regiões onde se concentram os pobres e excluídos. Hoje, a violência é particularmente sentida pelos moradores das favelas de grandes cidades como também no campo, onde podem ser verificados focos de violência relacionados à questão da posse e propriedade da terra. Nessa direção, Oliven analisa que o aumento da violência, sobretudo pós-1964, tem relação menos com o contexto no qual se manifesta e mais com as condições que lhe dão origem e prefere falar em violência na cidade, e não em violência urbana.

5) O que pode ser considerado violência, de acordo com o seu conceito ampliado?
Resposta: No texto aparece um conceito de violência ampliado, isto é, não está restrita a situações que atingem a integridade física. A violência pode ser direta ou indireta, esparsa ou maciça, que atinge também a integridade moral, psicológica e/ou cultural dos indivíduos. Desse modo, a desigualdade social, a fome, a mortalidade infantil, as diferentes formas de discriminação social, sejam pela condição de classe, credo ou etnia, podem se caracterizar como violência. Ou seja, qualquer ato ou situação que fere a dignidade humana.

6) Quais são as possíveis explicações para o crescimento da violência?
Resposta: De acordo com o historiador Hobsbawm (1998), a violência na sociedade atual está relacionada com a história do século XX. Sua tese é a de que os acontecimentos do século XX — que passou por duas guerras mundiais e centenas de guerras e conflitos localizados — contribuíram para que nos acostumássemos com o desumano e aprendêssemos a tolerar o intolerável. As transformações nas várias direções, mas, sobretudo, as que têm relação com o presentismo, o hedonismo, o consumismo e o individualismo extremado, estão entre os fatores que contribuem para a violência.

A realidade clama à ciência
Leitura 1: Dupas, 2005.

1) O texto aponta para o problema da imigração nos Estados Unidos. De acordo com o capítulo, a imigração é um problema apenas daquele país?

Resposta: Os países que compõem a Europa Central também são locais de destino de imigrantes vindos dos países pobres da África e Ásia, por exemplo. Entretanto, a partir dos anos 1980, e com o agravamento da crise do emprego, emergiram inúmeros conflitos envolvendo imigrantes. Os europeus buscaram restringir a imigração, muitos dos quais, organizados em grupos de direita e xenófobos, passaram a promover ataques a imigrantes.

2) Qual é a visão de um norte-americano sobre a imigração, descrita por Gilberto Dupas? Como você avalia essa visão?

Resposta: Huntington denuncia que os fluxos imigratórios hispânicos para os Estados Unidos são uma ameaça, na medida em que podem produzir uma divisão daquele país em dois povos, duas culturas e duas línguas. A ameaça paira sobre o estilo de vida dos americanos e seus valores sociais.

O olhar da Sociologia no mundo
Leitura 2: Kowarick e Ant, 1988.

1) O texto refere-se ao início de industrialização em São Paulo. Quais são os principais problemas nas grandes cidades atualmente?

Resposta: Além dos antigos problemas de infraestrutura básica, saneamento, precário atendimento à saúde pública etc., podemos destacar também os problemas ambientais gerados pelo excesso de automóveis nas ruas e sistema de transporte coletivo deficiente.

As autoras

Silvia Maria de Araújo
Socióloga, doutora em Ciências da Comunicação pela Universidade de São Paulo (USP) e pós-doutora em Sociologia do Trabalho pela Universidade de Milão, é professora sênior do Programa de Pós-Graduação em Sociologia da Universidade Federal do Paraná (UFPR). Autora e organizadora de livros em Sociologia do Trabalho e Sindicalismo, ganhou em 2001, como coautora, o prêmio Jabuti na categoria Livro Didático.

Maria Aparecida Bridi
Socióloga, doutora em Sociologia pela UFPR, especialista em Currículo e Prática Educativa pela Pontifícia Universidade Católica do Rio de Janeiro (PUC-RJ) e pesquisadora do Gets – Grupo de Estudos Trabalho e Sociedade (UFPR), foi professora na educação básica em instituições públicas e privadas por 21 anos. É organizadora e co-autora de obras no campo da Sociologia.

Benilde Lenzi Motim
Socióloga e doutora em História pela UFPR, é professora do Programa de Pós-Graduação em Sociologia e do Departamento de Ciências Sociais da mesma universidade, onde atua também como coordenadora do Projeto Licenciar de Ciências Sociais e do Gets – Grupo de Estudos Trabalho e Sociedade. Avaliadora do Sinaes/Inep-MEC, é autora de capítulos de livros e artigos de Sociologia do Trabalho.